© L. RITMEYER

Arad – eine 5000 Jahre alte Stadt in der Wüste Negev, Israel

Veröffentlichungen des Hamburger Museums für Archäologie
und die Geschichte Harburgs – Helms-Museum
Nr. 64
Herausgegeben von Ralf Busch
Redaktion: Inken Lambeck, Ralf Busch, Rolf Goethert (Jerusalem)
Übersetzungen: Raya Nathenbruck, Jerusalem, und Ralf Busch
Eine Ausstellung des Israel Museums in Jerusalem
in Zusammenarbeit mit dem Hamburger Museum für Archäologie
und die Geschichte Harburgs – Helms-Museum
Kuratorin der Ausstellung: Ornit Ilan – Israel Museum
Koordination in Deutschland: Ralf Busch

Katalog zur Ausstellung in

Hamburg, Hamburger Museum für Archäologie
und die Geschichte Harburgs – Helms-Museum
29. 4. bis 5. 7. 1992

Bonn, Rheinisches Landesmuseum
19. 7. bis 23. 8. 1992

Wilhelmshaven, Küsten-Museum
2. 10. 1992 bis 10. 1. 1993

München, Prähistorische Staatssammlung
3. 2. bis 18. 4. 1993

Berlin, Vorderasiatisches Museum
Juni–August 1993

ISBN 3 529 01842 2
© Israel Museum, Jerusalem, und Hamburger Museum
für Archäologie, Hamburg
1992
Herstellung: Wachholtz Druck, Neumünster

Arad

eine 5000 Jahre alte Stadt in der Wüste Negev, Israel

Ruth Amiran, Ornit Ilan, Jerusalem
mit einem Beitrag von Wolfgang Helck, Hamburg

Karl Wachholtz Verlag Neumünster

Danksagung

Diese Ausstellung wurde gefördert durch:
Verein zur Förderung des Israel Museums in Jerusalem e. V.,
Berlin, Vorsitzender Prof. Dr. h. c. Rolf Liebermann
Hamburgische Kulturstiftung e. V.
Kempinski AG
Lufthansa AG

Inhalt

Abb. 1 Blick von der Zitadelle auf die bronzezeitliche Stadt

Vorwort

Mein besonderes Interesse an Geschichte und Archäologie ist, hoffe ich, bekannt, und ich habe die Ausgrabungen auf Tel Arad mit großem Interesse verfolgt, seit diese 1962 aufgenommen wurden. Es war für uns ein großartiger Erfolg, als wir nach der Gründung des Israel Museums, 1965, die bekannte Archäologin Ruth Amiran als unsere Mitarbeiterin gewinnen konnten, die damit die Ausgrabungen in Tel Arad unter die Aufsicht des Museums brachte. Das Ergebnis war ein großer wissenschaftlicher Erfolg, der auch von der allgemeinen Öffentlichkeit beachtet wurde. Die Ausgrabung von Arad berichtet von unserer lang zurückliegenden Vergangenheit.

Die alte Stadt Arad war von Kanaaniten bewohnt, wie uns moderne Forschungen berichten, die Vorfahren von Juden und Arabern waren. Tel Arad ist ein eindrucksvolles Beispiel unseres gemeinsamen Erbes und symbolisiert unser Zusammenleben, das wir zu fördern suchen. Vielleicht kann eine solche Ausstellung eines Tages in Amman, Damaskus oder Bagdad stattfinden.

Es fügt sich gut, daß diese Ausstellung nach Deutschland geht, dessen Forscher wie E. Sellin, G. Schumacher und C. Watzinger so entscheidend an der frühen Entwicklung und dem Aufblühen der biblischen Archäologie im Land Israel Anteil hatten. Auch heute graben deutsche Wissenschaftler im Land und tragen viel zur archäologischen Forschung bei. Die Ausstellung über Arad verstärkt die schon engen Bindungen zwischen Israel und Deutschland. Wir hoffen, daß die Besucher der Ausstellung angeregt werden, diese längst untergegangene Stadt zu sehen. Und wenn Sie schon dort hinkommen, vergessen Sie nicht, Jerusalem zu besuchen.

Teddy Kollek
Bürgermeister von Jerusalem

Abb. 2 Blick auf die Zitadelle

Vorwort

Der Katalog und die Ausstellung sind Arad gewidmet, einer frühgeschichtlichen, 5000 Jahre alten Stadt, einem Ort, dessen Reste außerordentlich gut erhalten geblieben sind, so daß man in seiner Geschichte wie in einem offenen Buch lesen kann. Den guten Erhaltungszustand der Stadt verdanken wir der Tatsache, daß die Ansiedlung im Negev entstand, in einem südlichen Teil des Landes Israel, wo harte Klimabedingungen anzutreffen sind. Als die Trockenheit des Klimas zunehmend akuter wurde, waren die Bewohner der Stadt in dieser Krise gezwungen, sie aufzugeben und einen Großteil ihrer Habe zurückzulassen. Diese einzigartigen Funde machen Arad zu einer überaus wichtigen archäologischen Ortslage, die mehr als jede andere gleichaltrige Siedlung ein spannendes Kapitel in der Geschichte des Landes beleuchtet: Die Entstehung der ersten Städte.

Das antike Arad wird seit dreißig Jahren durch die archäologische Abteilung des Israel Museums und unter der Leitung von Professor Ruth Amiran, die jahrelang die Feldarchäologin des Israel Museums war, erforscht und freigelegt. Für die Ausstellung wurden Stücke gewählt, die die Geschichte dieser zentralen Stadt des Südens gut veranschaulichen und Einblick in das Alltagsleben und in den religiösen Bereich ermöglichen. Diese Gegenstände repräsentieren ein sehr charakteristisches Leben, das an dieser Stätte über eine Zeitspanne von fast 1000 Jahren hin gelebt wurde, und sie legen auch ein beredtes Zeugnis von der Kulturentwicklung im ganzen Land Israel ab zu einer Zeit, in der die Bewohner des Landes noch des Schreibens unkundig waren.

Die Einzigartigkeit von Arad verschaffte ihren Funden einen wichtigen Platz in der Dauerausstellung der archäologischen Abteilung des Israel Museums. Der Reichtum dieser Funde führte im Laufe der Jahre zu verschiedenen Ausstellungen, die mit der Geschichte dieser Stadt verbunden waren:
– 1967 fand die erste Ausstellung statt, die frühe Funde aus der kanaanäischen Stadt und der israelitischen Festung vorstellte;
– 1981, in der Ausstellung unter dem Titel „Von den Scherben zum Gefäß", wurde das Publikum eingeladen, die Rekonstruktion der Tongefäße aus Arad mitzuerleben. Die Restauratoren des Museums führten ihre Rekonstruktionsarbeit in Gegenwart der Besucher vor und beantworteten bereitwillig alle Fragen des Publikums.
– 1989 wurde in der neuen Stadt Arad ein Museum eröffnet, an dessen Planung und Errichtung das Israel Museum regen Anteil nahm.

Das Israel Museum ist der Israel Antiquities Authority (dem ehemaligen Department of Antiquities and Museums) und der Israel Exploration Society zu Dank verpflichtet für die fruchtbare Zusammenarbeit, die von Anfang an bei der Grabungsarbeit in Arad gegeben war. Die Grabungen und ihre wissenschaftlichen Publikationen wurden von vielen Personen und Institutionen finanziert; unser Dank gilt ihnen allen, denn sie ermöglichten es, dieses große Grabungsprojekt in die Tat umzusetzen. Die Ausstellung in Deutschland ist das Ergebnis einer gelungenen und erfreulichen Zusammenarbeit mit dem Archäologischen Museum in Hamburg und seinem Direktor Professor R. Busch. Mein Dank gilt darum vor allem ihm für seine Mühe und Hilfe bei der Weiterleitung der Ausstellung an andere Museen in Deutschland.

Die Ausstellung wird im April 1992 im Hamburger Museum für Archäologie eröffnet. Von dort wandert sie in das Rheinische Landesmuseum nach Bonn (Juli 1992), in das Küsten-Museum nach Wilhelmshaven (Oktober 1992) und in die Prähistorische Staatssammlung nach München (Januar 1993).

Den Freunden des Israel Museums in Deutschland gebührt herzlicher Dank für ihre Hilfe und Unterstützung.

Zum Schluß möchte ich eine angenehme Pflicht erfüllen und Professor Ruth Amiran, der Ausgräberin des antiken Arad, und Ornit Ilan, der Feldarchäologin des Israel Museums und Kuratorin dieser Ausstellung, meinen Dank aussprechen für ihre hingebungsvolle Arbeit bei der Planung und Gestaltung der Ausstellung und beim Schreiben dieses Katalogs.

Martin Weyl
Direktor des Israel Museums, Jerusalem

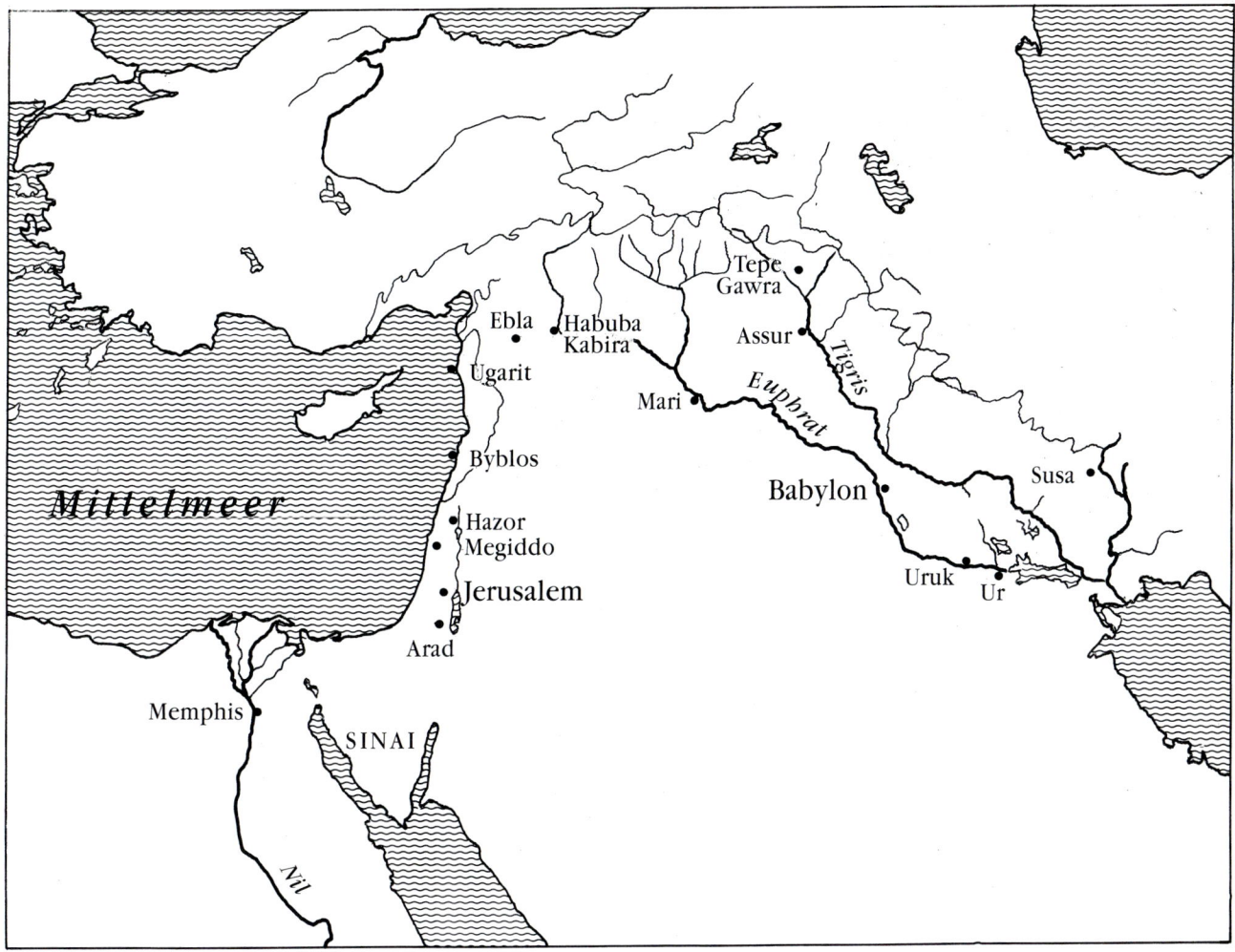

Abb. 3 Der Nahe Osten im Altertum

ARAD – einst und jetzt

Eigentlich ist das heutige Arad eine Herausforderung. Biegt man von der Hauptstraße von Jerusalem nach Beer Sheva bei der Abzweigung Lehavim nach Osten ab, durchfährt man die stellenweise recht belebte Wüste des Negev. Man passiert traditionelle Beduinen-Niederlassungen mit Zelten, ebenso neue, aber nicht immer attraktive Siedlungen, die eben diese Nomaden zur Seßhaftigkeit bewegen sollen. Ziegenherden und Kamelherden begleiten die Autostraße, aber auch Kinder, die aus der Schule kommen.

Dann liegt unerwartet auf einem Hochplateau Arad vor dem Reisenden, eine Stadt, die 1960 geplant und ab 1962 besiedelt wurde. Eine Stadt in der Wüste, grün und zweckmäßig modern, deren Ränder sich im Sand der Wüste verlieren. Im Inneren der Stadt findet man ein Informationszen-

Abb. 4 Das Aradtal im Winter mit Blick nach Osten

trum, das anschaulich die Natur der Wüste mit ihrer Reichhaltigkeit an Vegetation und Tierwelt, die man kaum erahnt, schildert und dann auch in eindrucksvoller Weise die Siedlungsgeschichte der Region aufzeigt. Spätestens hier erfährt man von dem antiken Arad, knapp 10 Kilometer von der modernen Stadt entfernt gelegen, bevor man diese von Jerusalem kommend erreicht. Man muß nur wenige Minuten an der Hauptstraße abbiegen, um die Ausgrabungsstätte des Tells vor sich liegen zu sehen.

Schon der erste Blick erschließt die weiträumige Befestigung mit der frühbronzezeitlichen Stadt, deren Häuser und Straßen ebenso klar erkennbar sind wie die eisenzeitliche Zitadelle in der Oberstadt.

Vom Entstehen dieser Siedlung und ihrem Aufblühen um 3000 vor unserer Zeit berichtet diese Ausstellung, die Arad sozusagen von seinen Wurzeln her betrachtet. Selbst in der deutschsprachigen Literatur ist der Ort längst bekannt[1], im Detail aber nie dargestellt worden.

Eine seiner Bedeutung ermißt man an der Tatsache, daß in dieser Region in der Frühbronzezeit elf Städte autochthon entstanden, die nur wenig mit den anderen Stadtentwicklungen im Vorderen Orient gemein haben[2].

Die Lebenswelt der bronzezeitlichen Stadt Arad wird in dieser Ausstellung lebendig geschildert, behandelt auch ihre handelspolitische Bedeutung auf eindringliche Weise.

Danach blieb der Platz mehr als anderhalb Jahrtausende unbesiedelt. Erst in der Eisenzeit, wohl zu König Salomons Zeiten, entstand hier eine

Schichtenfolge und Chronologie

Unterstadt

Stratum	Stufe	Datierung	Historische Bezüge/Anlagen und Bauten
V	Chalkolithikum	bis 3400	
IV	Frühbronzezeit I B	3200–3000	Narmer und Hor-Aha
III II I	Frühbronzezeit II	3000–2700	

Oberstadt

Stratum	Stufe	Datierung	Historische Bezüge/Anlagen und Bauten
XII	Eisenzeit I	12./11. Jh.	Keniter; Siedlung
XI	Eisenzeit II A	10. Jh.	Salomo; Scheschonk I.; Zitadelle
X	Eisenzeit II B		Joschafat; Zitadelle
IX	Eisenzeit II C	8. Jh.	Usija; Zitadelle
VIII	Eisenzeit II C		Hiskija; Zitadelle
VII	Eisenzeit II C	7. Jh.	Manasse; Zitadelle
VI	Eisenzeit II C	spätes 7./6. Jh.	Joschija; Zitadelle
V	persisch	5.–4. Jh.	Siedlung
IV	hellenistisch	3.–2. Jh.	Turm mit Siedlung
III	frührömisch	1. Jh. vor–106 n.	Zitadelle
II	früharabisch	7.–8. Jh.	Gasthaus
I	arabisch	10.–16. Jh.	Gräber

neue Festung (Oberstadt), die besonders wegen ihres israelitischen Tempels bedeutend war, der bauhistorisch eng mit Jerusalem verbunden erscheint[3].

Diese Festung zerstörte der ägyptische Pharao Scheschonk I. (ca. 945 bis 924), wovon er am Bu-bastidenportal im Tempel von Karnak berichtet. Dankenswerterweise erinnert W. Helck an diese sonst hier nicht weiter berücksichtigte Zeit Arads, das bald wiederaufgebaut wurde und noch lange Jahrhunderte nachlebte. Das alles will die Ausstellung, die sich ganz auf die Frühbronzezeit beschränkt, nicht zeigen. Sie berichtet vielmehr von der genannten Zeit der Stadtwerdung Arads.

Dank gilt dem Israel Museum in Jerusalem für die beispielhafte und harmonische Zusammenarbeit, wodurch diese Ausstellung nur möglich wurde. Der 1989 begründete Verein zur Förderung des Israel Museums in Jerusalem e. V. zu Berlin hat das Vorhaben begleitet, das nicht nur in Hamburg, sondern auch in fünf weiteren Städten in der Bundesrepublik Deutschland zu sehen sein wird. Auch diesen beteiligten Museen ist für ihre Kooperation sehr zu danken. Wir sind sicher, daß den Besucher eine spannende Begegnung mit einer längst vergangenen Kultur erwartet.

Ralf Busch

Anmerkungen

1 Am ausführlichsten behandelt findet man ihn bei O. Keel und M. Küchler, Orte und Landschaften der Bibel, Zürich und Göttingen 1982, Bd. 2, S. 209 ff. – Die Archäologie der Region ist behandelt von A. Negev, Tempel, Kirchen und Zisternen. Stuttgart 1983. – Allgemein vgl. H. Weippert, Palästina in vorhellenistischer Zeit. Handbuch der Archäologie, Vorderasien II/1, München 1988.
2 V. Fritz, Die Stadt im alten Israel. München 1990. – Z. Herzog, Das Stadttor in Israel und in den Nachbarländern. Mainz 1986.
3 In der Bibel erscheint Arad mehrfach, vgl. B. Reicke und L. Rost, Biblisch-historisches Handwörterbuch, Bd. 1, Göttingen 1962, 119. – V. Fritz, Arad in der biblischen Überlieferung und in der Liste Schoschenks I. Zeitschr. d. dt. Palästina-Vereins 82, 1966, 331–342. – S. Mittmann, Ri. 1, 16 f. und das Siedlungsgebiet der kenitischen Sippe Hobab, Zeitschr. d. dt. Palästina-Vereins 93, 1977, 213–235.

EINFÜHRUNG

Und die Nachkommen des Keniters Hobat, mit dem Moses verschwägert war, zogen herauf aus der Palmenstadt mit den Männern von Juda in die Wüste Juda, die im Süden von Arad liegt, und gingen hin und wohnten mitten unter dem Volk.

Ri 1,16

Der Tel Arad verdankt seine wissenschaftliche Erschließung eigentlich der Wiederbesiedlung des Nordnegev in unseren Tagen.

Im Laufe des Jahres 1961 fiel die Entscheidung, eine Stadt im Nordnegev von Grund auf neu entstehen zu lassen (Abb. 5), und zwar vor allem für Arbeiter- und Angestelltenfamilien der bekannten Dead Sea Works, der Kali- und Bromindustrie am Toten Meer. Die in diesem extrem trockenen Wüstengebiet vorherrschenden, sehr harten klimatischen Bedingungen an der tiefsten Stelle der Erde, 400 m unter dem Meeresspiegel, veranlaß-

Abb. 6 Blick von Tel Arad nach Osten mit dem modernen Arad im Hintergrund

ten das Planungsteam eine Stelle zu suchen, die nicht allzufern von dem Industriezentrum läge und zugleich bessere Klimabedingungen bieten würde.

Die Wahl fiel auf den Zug der Kidod-Höhen, von deren östlichen Steilabfall man auf die Senke des Toten Meeres hinabschaut. Sie liegen 610 m hoch und ihre klimatischen Verhältnisse sind ausgesprochen ideal.

Darum wurde dort 1962 der Grundstein der neuen Stadt gelegt. Ihren Namen brauchte man gar nicht erst zu suchen. Er bot sich, wie oft im Lande der Schrift, von selbst an. In der Nähe lag das biblische Arad* und man nahm gerne die uralte Tradition auf, die sich am Ort über Jahrtausende hin sogar bei den am Tel ansässigen Beduinen erhalten hatte (Abb. 6).

Abb. 5 Blick über die judäische Wüste zum Toten Meer

Der Leiter des Planungsteams der neuen Stadt, Arie L. Eliav, war der erste, der an archäologische Ausgrabungen am Tel Arad dachte. Eliav betrachtete die Grabungen sehr realistisch als wichtigen Beitrag und Anstoß, einerseits für die Wirtschaft des geplanten Ortes, u. a. hatte er Arbeitsbeschaffung und bereits zukünftigen Tourismus im Auge, und andererseits als Bereicherung des kulturell-historischen Hintergrunds ihrer Bewohner. Es gelang ihm, Ruth Amiran – die spätere Feldarchäologin des Israel-Museums – mit seiner Begeisterung anzustecken. Sie ihrerseits wandte sich an Yohanan Aharoni – den späteren Leiter des Archäologischen Institutes der Universität Tel Aviv, der damals gerade eine historisch-geographische Untersuchung des Negev durchführte und bestens mit dessen Geschichte bekannt war. Zusammen planten sie das Grabungsprojekt, das zunächst mit vielen logistischen Schwierigkeiten zu kämpfen hatte. Doch Ende des Winters 1962 brach die Expedition zu ihrer ersten Grabungskampagne auf.

Die erste Kampagne konzentrierte sich auf den eigentlichen Tel, der wegen der Festungen, die in der Eisenzeit (1000–586 v.Chr.) und in Herodianischer Zeit (1. Jhdt. vor bis 2. Jhdt n.Chr.) an dieser Stelle eine über der anderen, jeweils nach einer Zerstörung, errichtet wurden, als „Tel der Festungen" bekannt ist (Abb. 7).

Bereits im Laufe dieser Saison stießen die Ausgräber auf dem Hügelbereich westlich des eigentlichen Tels auf Spuren einer viel früheren Zeit. Zwar kam das nicht völlig überraschend, denn in den fünfziger Jahren hatte eine Begehung in die-

Abb. 7 Die begonnene Freilegung der kanaanitischen Stadtmauer, im Hintergrund die israelitische Festung

ser Gegend durch Nelson Glueck von der American School of Oriental Research und später durch David Alon von der Israel Antiquities Authority die Feststellung einer antiken Ortslage erbracht und beide stellten auf dem Hügel antike Scherben sicher. Niemand aber ahnte damals den bedeutenden Umfang dieser antiken Ortslage (Abb. 8).

Als erstes wurde man der Existenz einer auffallend breiten Mauer gewahr, die hier und dort an der Erdoberfläche erschien; es war auch durch die augenscheinlich monumentalen Ausmaße der Anlage sofort klar, daß es sich nur um einen Teil einer Befestigungsanlage handeln konnte, die zu einer Stadt vom Beginn der Urbanisierungsepoche im Lande Kanaan im dritten Jahrtausend gehören mußte.

Die Ausgräber erkannten sogleich, daß sie etwas außerordentlich Seltenes entdeckt hatten

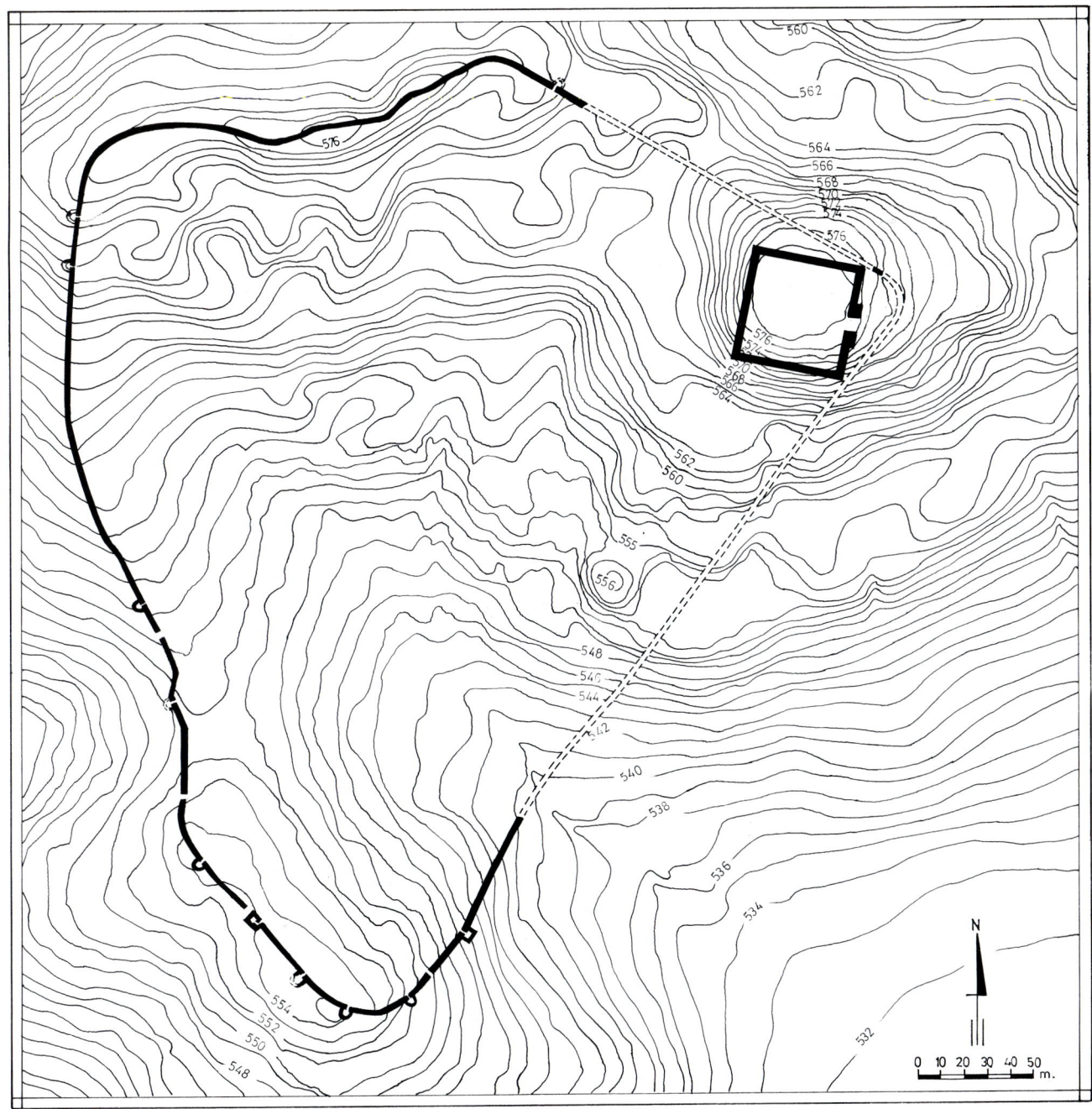

Abb. 8 Die Topographie von Tel Arad mit der Mauer der großen kanaanitischen Stadt und der kleineren, höher gelegenen israelitischen Festung

Abb. 9 Die Mitarbeiter betrachten Scherben, Sommer 1962. In der Mitte Ruth Amiran

(Abb. 9). Im Allgemeinen sind Stadtanlagen dieser frühen Zeit nämlich vom Schutt der Ansiedlungen, die durch Jahrtausende hin auf ihren Trümmern gewachsen sind und verfielen, überlagert. Hier am Tel Arad dagegen finden sich die Überreste dicht unter der Erdoberfläche. Die Freilegung einer Siedlung dieser Art versprach ein faszinierendes und zugleich vollkommeneres Bild einer so frühen Stadt, wie man es sonst von Grabungen her nicht gewinnen konnte.

Von der zweiten Kampagne an teilte sich darum die Expedition in den Grabungsabschnitt der kanaanäischen Stadt unter Leitung von Frau Professor Ruth Amiran vom Israel Museum und in jenen, den Professor Yohanan Aharoni von der Universität Tel Aviv auf dem „Tel der Festungen" fortführte.

Die Voraussage der Ausgraber bewahrheitete sich. Die Reste der kanaanäischen Stadt waren außerordentlich gut erhalten: die Grabungen legten den Mauerring, öffentliche und private Gebäude und ein weitverzweigtes Straßennetz frei. Die Privathäuser und die öffentlichen Gebäude bargen eine Vielfalt von Funden: von Keramik und Hausrat angefangen bis hin zu Kultgegenständen. Diese umfangreichen Funde vermitteln ein sehr lebendiges Bild des Alltagslebens und machten Arad dadurch ohne Zweifel zum wichtigsten Ort für die Kenntnis der Urbanisierungszeit, die schon vor 5000 Jahren in unserer Region begann.

Die Ausstellung und der sie begleitende Katalog sind das Ergebnis von insgesamt 18 Grabungskampagnen, die in der kanaanäischen Stadt zwischen den Jahren 1962–1966, 1971–1978 und 1980–1984 stattfanden. Im Laufe dieser Kampagnen wurde etwa zwölf Prozent der Stadtfläche untersucht und freigelegt, d. h. 12 000 von etwas mehr als 100 000 qm; auf den ersten Blick scheint das ein ziemlich kleiner Teil zu sein. Dennoch schenkte das Ausgräberglück gerade hier sehr bemerkenswerte Bauten und andere Anlagen.

Das Grabungsprojekt der kanaanäischen Stadt wurde anfangs nur von der Israel Exploration Society, von der Hebräischen Universität und von der Israel Antiquities Authority durchgeführt. Als sich dann 1963 Frau Ruth Amiran dem Gründerteam der Archäologischen Abteilung im Israel Museum (The Samuel Bronfman Biblical and Archaeological Museum) anschloß, wurde das Projekt der kanaanäischen Stadt zum Hauptgrabungsprojekt des Museums, das vom Israel Museum für die folgenden 27 Jahre zusammen mit der Israel Antiquities Authority und der Israel Exploration Society geleitet wurde. Seit 1977 die National Parks Authority die Rekonstruktion des Ortes übernahm, wurden in der kanaanäischen Stadt und am „Tel der Festungen" sehr beachtliche Wiederherstellungsversuche durchgeführt.

1989 konnte dann in der modernen Stadt Arad ein Archäologisches Kreis-Museum eröffnet werden, das mit seiner Sammlung und seinen gelungenen Modellanlagen durch die verschiedenen Epochen des Tel Arad erklärend führt und einen Besuch am Tel ergänzt.

Das Museum fungiert als Teil eines Fremdenverkehrszentrums, das Touristen mit Informationen für Ausflüge auf Wanderwegen in der Umgebung von Arad und der Judäischen Wüste vermittelt.

* U. a. siehe 4. Mose 21, 1; 33, 40; Jos. 12, 14; Ri. 1, 16.

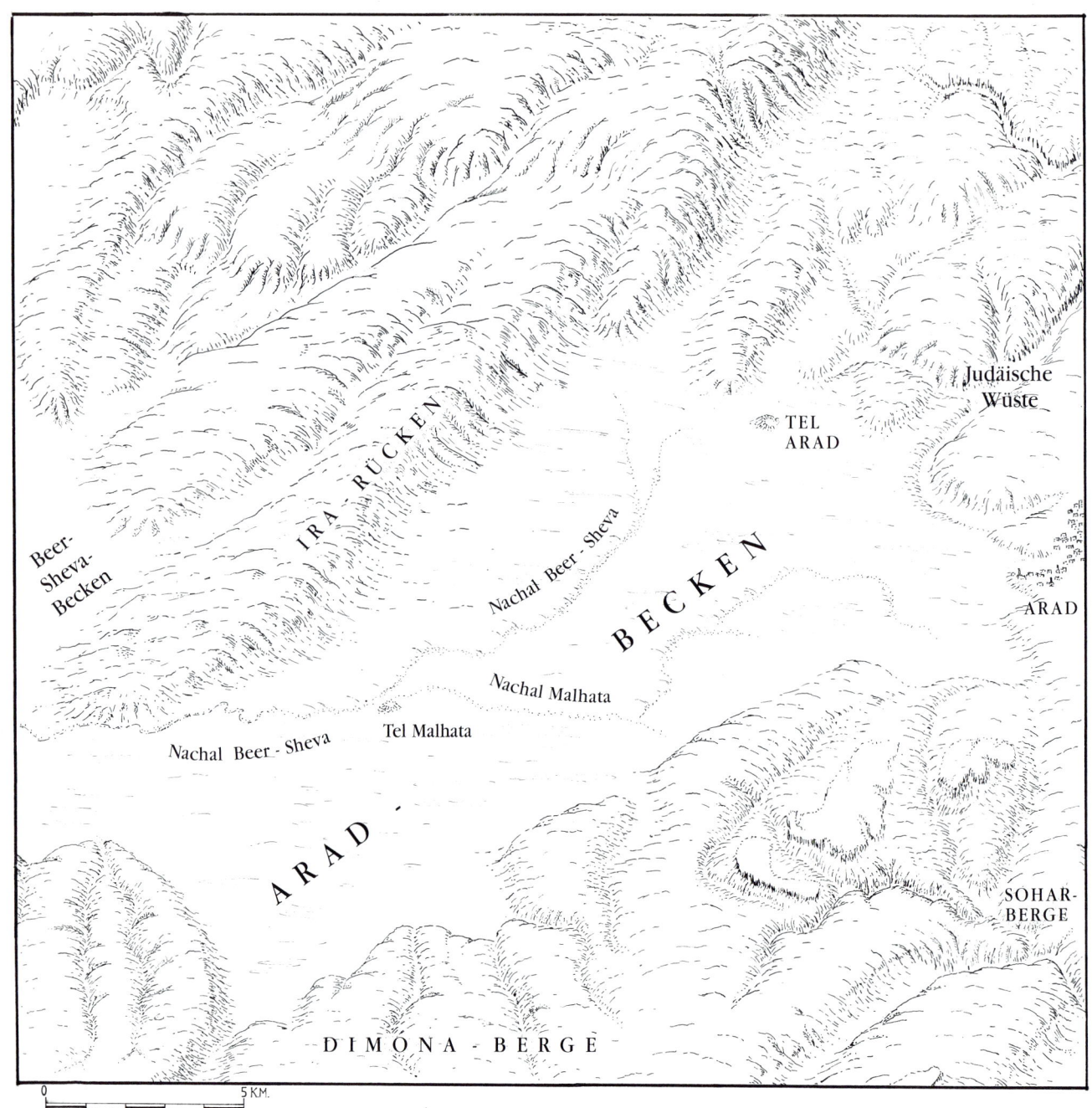

Abb. 10 Idealisierte Ansicht des Aradtals aus der Vogelschau, Blick nach Norden

ARAD UND SEINE UMGEBUNG

Die Tiefland-Becken von Arad und Beer-Sheva trennen das im Norden liegende Bergland von Hebron vom Hochland des Negev im Süden, wobei das Arad-Becken davon das kleinere und östlichere ist (Abb. 10). Im Nordwesten stößt es an den Irarücken, einen südlichen Ausläufer des Berglands von Hebron. Im Osten und im Süden grenzt es an die Höhenzüge des Kidod und an die Sohar-, Dimona- und Chatira-Berge.

Die neue Stadt Arad wurde auf der Höhe des östlichen Randes dieser Senke auf dem Höhenzug des Kidod angelegt.

Das Arad-Becken, genauso wie das Beer-Sheva-Becken, ist von einer dicken, gelblichen Löß-Schicht bedeckt. Das Gelände ist relativ eben und von flachen Flußtälern durchzogen, in denen nach seltenen Regengüssen im Bergland von Hebron im Winter periodisch reißende Schwellwasser fließen (Abb. 11). Das Nachal* Beer-Sheva mit seinen Nebenflüssen entwässert das Arad-Bekken, durchquert das Beer-Sheva-Becken, um dann in das Nachal Bessor zu münden, das sich südlich der Stadt Gaza ins Mittelmeer ergießt.

Heute herrschen im Arad-Becken trockene, fast wüstenähnliche Bedingungen mit einer jährlichen Niederschlagsmenge von durchschnittlich 200 mm. Die Grenze zwischen dem ariden, wüstenähnlichen Klima und dem nördlichen und nordwestlichen Mittelmeerklima ist durch die Niederschlagslinie von durchschnittlich 250 mm gegeben; sie wird darum auch als Trockenheitsgrenze bezeichnet. Diese Linie ist Schwankungen unterworfen: In regenreicheren Jahren verläuft sie quer durch das Arad-Becken, in regenarmen Jahren

Abb. 11 Blick nach Süden von Tel Arad, Winter 1991/92

wandert diese Linie sogar bis an die nördliche Grenze dieser Senke. Die Arad-Region stellt demnach die Grenze zwischen kultiviertem Land und der Wüste dar, das heißt, sie ist eigentlich Steppe. Im Kulturland lagen naturgemäß die meisten Ansiedlungen mit landwirtschaftlichem Hintergrund, während die Wüste dem Lebensraum von Nomaden- und Halbnomadenstämmen entsprach. In der Bibel und in anderen historischen Quellen spiegelt sich der immerwährende Kampf zwischen „Wüste und Kulturland" wider (Abb. 12). Besonders in regenarmen Jahren, wenn die Wüste die Nomaden mit ihren Herden nicht ernähren konnte, sahen sich diese gezwungen, über die landwirtschaftlichen Gebiete und die Dörfer herzufallen, um sich dort Nahrung zu beschaffen.

Abb. 12 Blick von Tel Arad nach Norden, Winter 1991/92

In den letzten Jahren neigt die Forschung verschiedener Wissenschaftszweige, das heißt, die Klimatologie, Botanik, Zoologie und Geologie, zur Annahme, daß im 4. Jahrtausend und in der ersten Hälfte des 3. Jahrtausends v.Chr. ein feuchteres Klima im ganzen Alten Orient zeitweilig vorherrschte. Man hat sogar die Vorstellung, daß die Trockengrenze sich zeitweilig bis zur Südgrenze des Arad-Beckens verschob. Das bedeutet unter anderem auch, daß vor 5000 Jahren die Lebensbedingungen in dieser Region günstiger gewesen wären als sie es heute sind (1). Möglicherweise lag damals die Niederschlagsmenge durchschnittlich bei 300–350 mm.

Diese Annahme wird auch durch Beobachtungen der Archäologie bestärkt: Bei den Grabungen wurden nämlich große Mengen von Getreide und Hülsenfrüchten gefunden, die darauf hinweisen, daß gerade die Landwirtschaft damals eine sehr bedeutende Komponente in der wirtschaftlichen Struktur des alten Arad darstellte.

* Nachal ist das biblische bzw. hebräische Äquivalent für Trockental oder die arabische Bezeichnung Wadi.

DER HISTORISCHE RAHMEN VON ARAD

Tel Arad liegt an der nordöstlichen Ecke des gleichnamigen Beckens, auf einem Kalk- und Kreidestock. Der Stadthügel hat Hufeisengestalt, wobei die Ränder, als Folge der ständigen Erosion durch zwei Winterbäche auf dem Gelände, höher liegen als das Zentrum.

Die erste Besiedlung von Tel Arad (Schicht V) fand im Chalkolithikum statt, d.h. in der ersten Hälfte des 4. Jahrtausends v.Chr. Die Siedlung hatte einen eher ländlichen Charakter und war Teil eines verzweigten und komplizierten Siedlungssystems, das den Norden des Negev in dieser Zeit umfaßte. Wir wissen nicht mit Bestimmtheit, wie lang diese Siedlung am Tel bestehen blieb und warum sie verlassen wurde, aber etwa um 3500 v.Chr. hörte die Siedlung auf zu existieren, wie auch viele andere in dieser Zeit im ganzen Bereich des Negev.

Nach einer Unterbrechung von ca. 300 Jahren, ohne ständige Besiedlung am Ort, wurde um 3200 v.Chr., in der Frühbronzezeit I, ein neues Dorf (Schicht IV) auf den Ruinen des aufgegebenen chalkolithischen Dorfes gegründet. Die neue Siedlung war ebenfalls ein Teil eines Dorfverbandes landwirtschaftlicher Niederlassungen, die sich dann wieder im Arad-Becken ausbreiteten. Die Wirtschaft der Bewohner, ähnlich der Wirtschaft der chalkolithischen Dörfer, basierte hauptsächlich auf Ackerbau, allerdings ohne künstliche Bewässerung, auf Kleinviehhaltung und in geringem Umfang Rinderzucht.

Um 3000 v.Chr., am Anfang der Frühbronzezeit II, erreichte der Prozeß der Urbanisierung, der 500 Jahre vorher in Mesopotamien begann, auch das Land Israel*. Aus dem Dorf der Schicht IV entwickelt sich die Stadt der Schicht III. Als Folge komplexer Umstände und Schwierigkeiten, wie: Kriegsereignisse, Brandkatastrophen oder Epidemien, wurde diese Stadt zwischen 2850–2800 v.Chr. zerstört und verlassen. Ihre Bewohner kehrten aber wahrscheinlich alsbald zurück, um sie wieder aufzubauen (Schicht II).

Die neue Stadt überragte ihre Vorgängerin an Einwohnerzahl beträchtlich und muß sogar schon ein differenziertes Regierungssystem, bzw. entsprechende Einrichtungen, gehabt haben. Um die Jahre 2700–2680 v.Chr. wurde auch diese Stadt wieder verlassen. Zu den Hauptgründen, die zur Aufgabe der Stadt führten, dürfte wahrscheinlich die zunehmende Trockenheit und Versteppung der Region zählen, die damals ihren nachhaltigen Einzug hielt und die Existenz einer Bevölkerung, geschweige denn einer Metropole, im Arad-Becken unmöglich machte. Nur eine Handvoll Menschen verblieb in der darauf folgenden Verfallszeit. Sie fand Unterschlupf in unscheinbaren Hütten, die sich dicht an die Stadtmauer, der letzten Zeugin einer großen Zeit, drängten (Schicht I). Um 2650 v.Chr. wurde die Siedlung total aufgegeben.

---

* Der Begriff „Land Israel" ist dem biblischen geographischen Begriff EREZ ISRAEL nachempfunden und wurde von dem eingangs erwähnten Y. Aharoni zum ersten Mal parallel zu dem späten geographischen Begriff Palästina verwandt.

Der Ort war ungefähr 1500 Jahre sich selbst überlassen, bis in der Eisenzeit I, um 1100 v.Chr., eine kleine unbefestigte Siedlung in der nordöstlichen Ecke des Hügels begonnen wurde. In der Zeit der Könige David und Salomo, um 1000 v.Chr., erhob sich dann am selben Ort eine Reichsfestung oder Burg der Könige Judas mit einem Regionalheiligtum (2) (Abb. 13).

v. Chr.	Kanaan	Arad Schichten	Ägypten	Mesopotamien
4000				Ubaid 3
3900				Ubaid 4
3800			Naqada I	
3700	Chalkolitikum			
3600				
3500		V		
3400			Naqada II	Frühe Urukzeit
3300	Frühe Bronzezeit IA	Ortslage Vorübergehend verlassen		
3200				Späte Urukzeit
3100	Frühe Bronzezeit IB	IV	Naqada III	
3000				Dschemdet-Nasr-Zeit
2900	Frühe Bronzezeit II	III		
2800		II	Frühzeit (1. und 2. Dynastie)	Frühdynastisch I
2700		I		Frühdynastisch II
2600				
2500	Frühe Bronzezeit III		Altes Reich (3.–6. Dynastie)	Frühdynastisch III
2400		Ortslage Aufgegeben		
2300				Akkadzeit
2200				
2100				

Abb. 13 Chronologietabelle

DER ANFANG DER BESIEDLUNG VON ARAD:
DAS CHALKOLITHIKUM

Schicht V, erste Hälfte des 4. Jahrtausends v.Chr.

Weitreichende technische und soziale Wandlungen im Lande, Ende des 5. und Anfang des 4. Jahrtausends v.Chr., führten zur Entstehung einer bereits höher entwickelten Kultur, der sogenannten chalkolithischen Kultur (3). Unter den grundlegenden Neuerungen, die diese Gesellschaft erlebte, waren die Anfänge der Metallbearbeitung, d.h. von Materialien wie Kupfer und Gold, die einerseits zur Herstellung von Arbeitsgerät und Waffen und andererseits zur Schöpfung von Kultgegenständen Verwendung fanden.

Der Übergang von der Eigenfertigung des Haushaltsbedarfs zur Herstellung dieser Dinge durch den fachkundigen Handwerker und die Intensivierung von Handelsbeziehungen mit nahen und ferneren Regionen fällt ebenso in diese Zeit. Das Beer-Sheva-Becken entwickelte sich zu einem Zentrum der Herstellung von Kupferwaren, in dem versierte Kupferschmiede Werkzeuge und wunderschöne Kunstgegenstände von erstaunlich hohem technischen und künstlerischen Niveau schufen (4). In dieser Gegend lebten auch Künstler, die in Elfenbein zu schnitzen verstanden und auf vorzügliche Weise mit Ton umgingen und in spezialisierten Werkstätten Statuetten von Mensch und Tier gestalteten, die wohl in erster Linie Kultzwecken dienten.

Im Norden des Landes fertigten Handwerker aus dem Basalt, der in ihrer näheren Umgebung anstand, ganz besondere Kultgegenstände. Dieser Stein ist bekanntlich von einer ausnehmenden Härte und darum mußte der Steinmetz sicher viele Tage und Wochen hart arbeiten, um mit den einfachen Werkzeugen, die ihm zur Verfügung standen, den Stein zuzurichten und den Kunstgegenständen ihre vollendete Schönheit zu verleihen. Auch die Keramik und ein Teil der Feuersteingeräte wurden wohl nicht mehr im Hause, sondern bereits in speziell dafür eingerichteten Manufakturen hergestellt; von dort wurden sie dann auf die verschiedenen Märkte im Lande gebracht.

Die Wirtschaft der chalkolithischen Dörfer im Land Israel basierte hauptsächlich auf Ackerbau und Viehzucht (Abb. 14). Eine Gesellschaft, die eine rein bäuerliche Bevölkerung wie auch vielseitige Handwerker miteinander vereint, beweist eine vielschichtige soziale Gliederung, die eine komplizierte politische Organisation voraussetzt.

Tatsächlich bringt das enge Netz der Niederlassungen, das im Nord-Negev, hauptsächlich an den Rändern des Nachal Beer-Sheva und des Nachal Besor entdeckt wurde, die politische Organisation dieses Zeitalters ziemlich klar zum Ausdruck: Wir finden große Dörfer, die von kleineren Weilern umgeben waren. Es ist anzunehmen, daß in den großen Siedlungen die Institutionen der Regionalverwaltung saßen, die auch die Angelegenheiten der Bevölkerung der kleinen Dörfer der Peripherie mitregelten.

Die soziale Struktur spiegelt sich auch in den religiösen Einrichtungen wider: drei Tempel, vielleicht Wallfahrtsheiligtümer, wurden in unserer Region rund um Arad entdeckt – einer in En Gedi in der Wüste Juda am Toten Meer, ein weiterer in Teleilat-Ghassul in Transjordanien und einer in

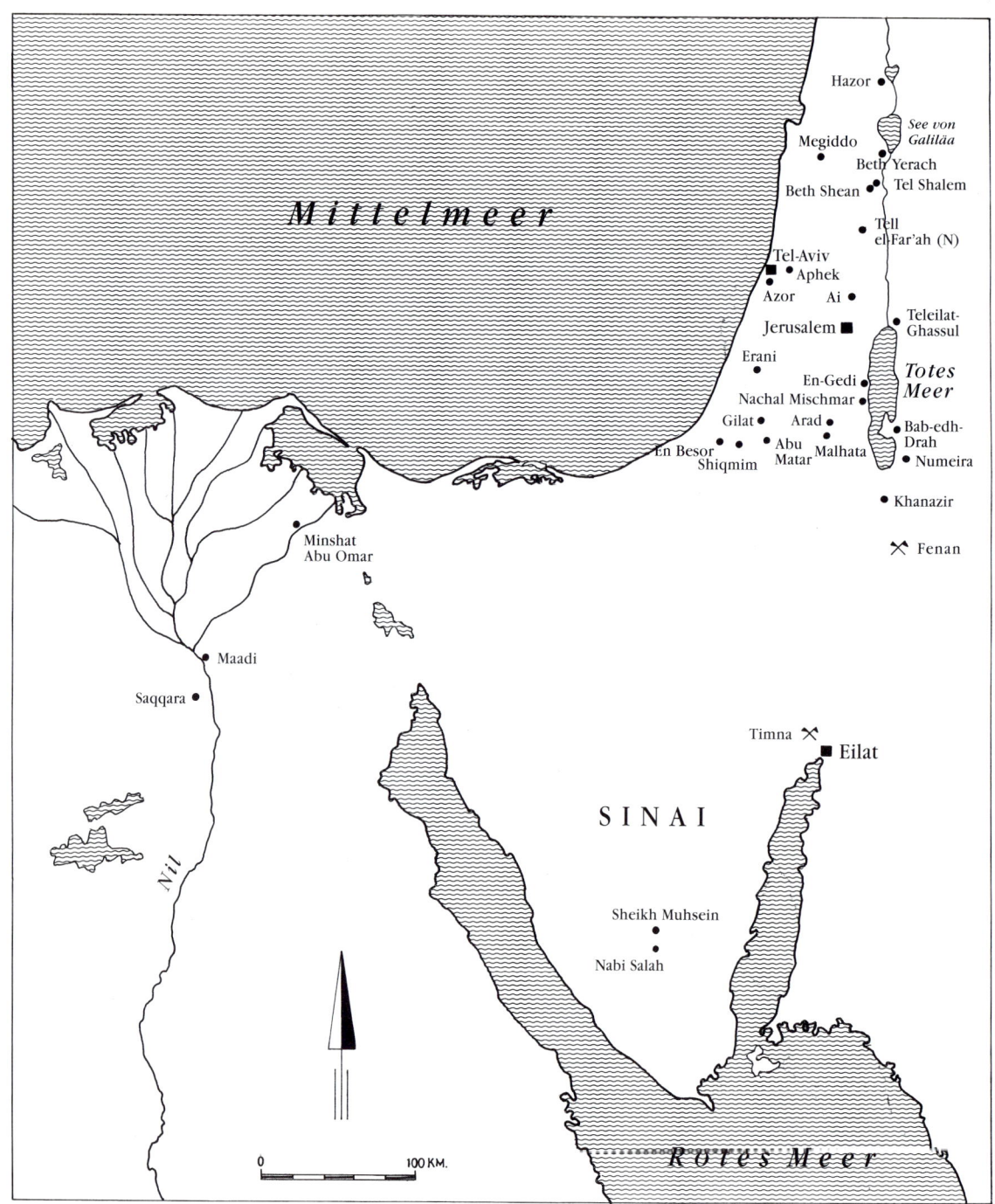

Abb. 14 Siedlungen des Chalkolithikums und der Frühbronzezeit

Gilat im nördlichen Negev. Alle drei dienten gewiß als Kultzentren für eine weit verstreute Bevölkerung.

Die chalkolithische Siedlung von Arad

Sehr wenig wurde von der chalkolithischen Besiedlung in Arad entdeckt, denn die Grabung konzentrierte sich hauptsächlich auf die Freilegung der Ruinen der Stadt aus der Frühbronzezeit II (5) unter der das frühere Dorf verborgen liegt. Die wenigen Zeugnisse und Hinweise, die gefunden wurden, sind daher unvollständig und außerdem über das ganze Grabungsgebiet verstreut.

Dank der vielen Einsichten aber, die Ausgrabungen anderer chalkolithischen Ortslagen im Negev erbracht haben, kann man die Beschaffenheit einer solchen Siedlung in Arad mit ziemlicher Sicherheit in allgemeinen Zügen skizzieren. Die mageren Funde deuten darauf hin, daß der Ort nur kurze Zeit und nicht etwa jahrhundertelang besiedelt war, – anders als Teleilat- Ghassul oder Shiqmim – und wahrscheinlich auch das nur am Ende des Chalkolithikums. Unglücklicherweise wurden bis jetzt überhaupt keinerlei organische Reste geborgen, mit deren Hilfe (z.B. durch C 14-Untersuchung) man genaue Daten der Besiedlung ermitteln könnte.

Die chalkolithische Ansiedlung in Arad bestand aus einem kleinen Dorf von Bauern und Viehzüchtern, die in Hütten und Höhlen lebten. Die Hütten waren gut einen halben Meter in den Erdboden eingetieft, wobei der Oberbau offenbar aus unbeständigem Material wie Holz, Zweigen, Palmblättern, Leder oder Zelttuch bestand, von dem sich nichts erhalten hat.

Höhlen wurden wohl durch Erweiterung von natürlichen Felsspalten oder Kavernen bewohnbar gemacht. Wir wissen nicht, woher die Bewohner des Dorfes ihr Wasser bezogen, denn wie bekannt, gibt es keine Quellen in der Umgebung. Möglicherweise wurde aber der Lauf des Hauptbaches, der den Talkessel im Hügel entwässerte, schon zu dieser frühen Zeit durch einen Damm aufgestaut, so daß dadurch ein Regenwasserreservoir inmitten der Siedlung entstand. In den trockenen Monaten, wenn das Wasser darin versiegte, war man vermutlich genötigt, mit den Herden zu besseren Weideplätzen und anderen erreichbaren Wasserquellen abzuwandern.

Das weitverzweigte Siedlungssystem mit den deutlichen Kulturmerkmalen des Chalkolithikums verschwand aus unserer Gegend etwa um die Mitte des 4.Jahrtausends v.Chr. aus Gründen, die bisher der Forschung noch verborgen blieben. Eine andere Kultur, nämlich die der Frühbronzezeit I, trat an seine Stelle.

DAS DORF ALS VORLÄUFER DER STADT: FRÜHBRONZEZEIT I

Schicht IV, 3300/3200 v.Chr.

Die Frühbronzezeit I beginnt für Arad um 3500/3400 v.Chr. (6). Auch diese Zeit erlebte umwälzende Entwicklungen in verschiedenen Lebensbereichen, vor allem aber auf dem Gebiet der Domestizierung von Tieren - Nutztieren, Groß- und Kleinvieh, in der Landwirtschaft und Technik, die zu sehr großen Veränderungen in der Gesellschaft führten.

Die Domestikation des Esels

Der Esel, das einzige Fortbewegungsmittel im Altertum, wurde wahrscheinlich schon im Chal-

Abb. 15 Tonfigur eines Esels mit Traglast aus Azor, Frühbronzezeit I

kolithikum als Last- und Reittier domestiziert (Abb. 15). Die Domestikation des Esels verursachte in der Frühbronzezeit I anscheinend auch eine Revolution in den Handelsbeziehungen zwischen weitvoneinander gelegenen Regionen und öffnete neue Perspektiven in den wechselseitigen Beziehungen der verschiedenen Kulturen des alten Orients. Die Handelskarawane war erfunden.

Die Kultivierung von Nutz- und Obstbäumen

An erster Stelle steht im Orient die Kultivierung des Olivenbaums, dem Hauptlieferanten von Pflanzenfett, darauf folgt die Weinrebe, der Feigenbaum und die Dattelpalme. Alle vier bereicherten den täglichen Speisezettel des Bauern, wie auch des Viehzüchters und des Handwerkers, und boten einen Ausbau des Handels an mit diesen Früchten oder den Erzeugnissen aus ihnen (7). Die Kultivierung des Weins und der Olive, die bereits in chalkolithischer Zeit begann, entwickelte sich in der Frühbronzezeit I weiter und zog eine Ausdehnung der bäuerlichen Besiedlung in Bergregionen nach sich, wo Boden, Niederschläge und Klima bessere Bedingungen zum Anbau dieser Arten boten. Man kann deswegen annehmen, daß die Produktion von Olivenöl und Wein in jener Zeit einen starken Aufschwung genommen hat.

Die Erfindung des Pfluges: Diese Erfindung wird zwar der Urukzeit IV in Mesopotamien zugewiesen, die dem Chalkolithikum im Land Israel entspricht, dennoch ist ein erstes Zeugnis von der Existenz des Pfluges im Land Israel nur aus der

Frühbronzezeit I bekannt: Es gibt eine Schale, die wahrscheinlich vom Tell el-Far'a (N) stammt, in der zwei Ochsenfigürchen stehen, die auf dem Nacken Reste eines Jochs tragen, an das wohl ein Pflug angehängt werden konnte (Abb. 16). Der Einsatz eines Pfluges mit einem Ochsengespann bei der Feldarbeit verursachte gewiß eine Revolution beim Ackerbau und erhöhte die Erträge der Felder erheblich, denn bis dahin wurde der Boden mit menschlicher Muskelkraft bearbeitet, das heißt mit einem Grabstock umgegraben (8).

Kupfer und das Handwerk

Die Verwendung des Kupfers, die schon in chalkolithischer Zeit in einzelnen Zentren begann, breitete sich in der Frühbronzezeit I noch mehr aus und drang in alle Lebensbereiche ein. Die Zahl der Kupferschmiede muß außerordentlich gewachsen sein und mit ihr auch die Zahl der Händler, die mit den Erzeugnissen dieser Fachleute von Ort zu Ort zogen, um sie auf den Märkten zum Kauf anzubieten. Die Töpferei, vorher in den Händen der Frauen, wandelte sich ebenfalls zu einem Beruf, der von fachkundigen, gelernten Handwerkern ausgeübt wurde. Der Handel mit Keramik, die in verschiedenen Manufakturen hergestellt wurde, wuchs und gedieh. Diese und andere Veränderungen förderten die Ständebildung in der Gesellschaft und schufen günstige Bedingungen, die der Bevölkerung das Leben in größeren Ansiedlungen als zuvor ermöglichten.

Vereinzelte größere Dörfer umgaben sich sogar zum ersten Mal mit einer Mauer, um das Leben

Abb. 16 Tonschale mit einem Ochsenpaar. Reste eines Jochs sind am Nacken erkennbar. Vermutlich von Tell el-Far'ah, Frühbronzezeit

ihrer Bewohner, wie auch die auf Vorrat gehaltenen Nahrungsmittel und ihre Habe zu verteidigen. Daraus folgt, daß bereits in der Frühbronzezeit I, die lange als Vorstufe der Stadtentstehung galt, einige städtische Zentren im Land Israel existierten. Bis heute wurden in Israel zwei ummauerte Niederlassungen aus dieser Zeit festgestellt: eine am Tel Aphek in der Sharonebene und eine andere am Tel Shalem im Beth-Sheantal; beide wurden in der Nähe von Flußläufen oder Quellgebieten angelegt, die das ganze Jahr über Wasser führen.

Politisch betrachtet existierte im Lande damals kein übergreifendes Staatengebilde, sondern mehrere kleinere und vermutlich selbständige, politische Einheiten, wie Stammesverbände, die nebeneinander bestanden. Der archäologische Befund deutet außerdem darauf hin, daß die südwestlichen Landesteile von Ägyptern besiedelt waren, die aus politischen und wirtschaftlichen Gründen diese Gegend bevorzugten (9). Das Verwaltungszentrum dieser Niederlassungen befand sich augenscheinlich am Tel Erani. In den anderen Teilen des Landes lebte weiterhin eine einheimische kanaanäische Bevölkerung, die sich vermutlich in einigen Stadtstaaten konzentrierte. Unklar bleibt die Art der Beziehung zwischen beiden Bevölkerungsgruppen, wie auch der Anteil der ägyptischen Bevölkerung am Handel, den einige kanaanäische Niederlassungen nachweislich mit Ägypten trieben.

Die Ansiedlung Arad

Nachdem das chalkolithische Dorf aufgelassen und bis der Ort in der Frühbronzezeit I wieder besiedelt wurde, vergingen ungefähr 300 Jahre. Es ist anzunehmen, daß in dieser Zeitspanne Nomaden in der Region lebten, die uns aber keinerlei Hinweise auf ihre Lebensumstände oder ihr Dasein überhaupt hinterließen.

Unsere Kenntnisse vom Dorf der Frühbronzezeit I sind klarer als jene, die wir von seinem Vorgänger, dem chalkolithischen Dorf, haben, denn seine Spuren sind besser erhalten und zahlreicher. Das Dorf breitete sich nach und nach auf dem Hügel aus, der Friedhof wurde vermutlich etwas westlich davon angelegt. Die Bewohner des Dorfes lebten zunächst in Höhlen, wie in der chalkolithischen Zeit, auch in Steinbauten. Die Reste dieser Gebäude litten sehr unter der intensiven Bautätigkeit der Stadtgründer von Schicht III. Tatsächlich wurde bei den Grabungen kein einziger ungestörter Baurest freigelegt. Es wurden auch keine Spuren öffentlicher Gebäude oder eines Kultraumes gefunden, die zum Verständnis der gesellschaftlichen Struktur der Ansiedlung und ihres Status gegenüber den anderen Siedlungen im Umkreis von Arad hätte beitragen können.

Die Nekropole

Auf dem Friedhof wurde bis heute nur eine Grabhöhle freigelegt, in der 16 Skelette von Männern, Frauen und Kindern, Ton- und Steingefäße,

Abb. 17 Grabhöhle 1 aus der Frühbronzezeit

Schmuckstücke und eine Kupferahle gefunden wurden (Abb. 17). Die Höhle ist im Kreidefelsen ausgehauen und relativ klein, d.h. sie mißt kaum 2.50 x 1.60 m und ist nicht höher als 1.00 m (10). Entlang der Rückwand wurde eine Bank stehen gelassen, die als Ablage für die Schädel diente, während die anderen Gebeine in der westlichen Ecke gesammelt waren. Diese Art der Sekundärbestattung wäre typisch für Nomadengesellschaften, die die Gebeine ihrer Toten auf ihren Wanderungen mitnahmen, bis man sie auf dem Stammesfriedhof bestatten konnte. Falls es sich hierbei aber doch schon um seßhafte Gemeinschaften handelt, werden diese eine altertümliche Tradition bewahrt haben, die auf eine Vorgeschichte als Nomaden schließen läßt (Abb. 18).

Der interessanteste Fund in dieser Höhle war zweifellos der Schädel eines jungen Mannes von 16-18 Jahren, an dem eine Trepanation durchgeführt wurde, die er überlebt hatte. Das Loch, das während des Eingriffs im Schädeldach gemacht worden war, ist viereckig, (nicht rund wie gewöhnlich,) und 4x4 cm groß (Abb. 19). Dr. Patricia Smith, die den Schädel untersuchte, stützt sich auf anthropologische Dokumentationen aus verschiedenen Teilen der Welt, in denen auch heute noch solche Operationen durchgeführt werden, und zählt die möglichen Gründe für Trepanationen auf: erstens sucht man durch diesen Eingriff Linderung bei heftigen Migränebeschwerden, dann Befreiung von bösen Geistern, und zuletzt erhofft man dadurch sogar Langlebigkeit (sic!) zu erreichen (11).

Abb. 18 Grabbeigaben und persönliche Gegenstände aus Grabhöhle 1.

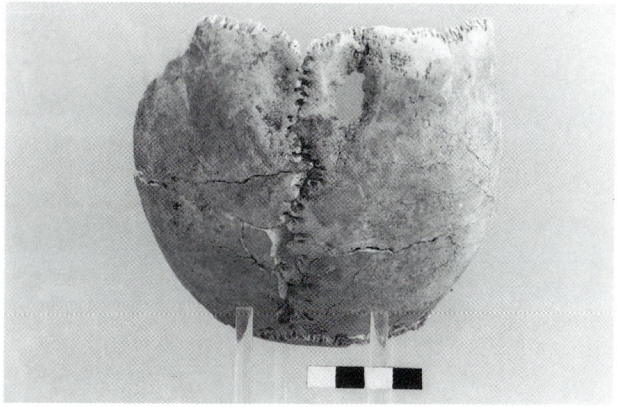

Abb. 19 Trepanierter Schädel eines jüngeren Mannes.

Die Wirtschaft des Dorfes

Die Mehrzahl der Dorfbewohner lebte von Ackerbau ohne künstliche Bewässerung und von der Aufzucht von Kleinvieh, Rindern und Schweinen (12). Andere waren schon fachkundige Töpfer und Steinmetze. Eine weitere Gruppe trieb Handel. In dieser Zeit wurden enge Handelsbeziehungen mit weit entlegenen Regionen wie der Halbinsel Sinai und Ägypten geknüpft. Die Entfernung zwischen dem Südsinai und Arad beträgt etwa 400 km. Handelskarawanen mit ihren Eseln zogen kreuz und quer durch den Negev und entlang des Tales der Arava und unternahmen sicherlich sogar Reisen, die mindestens 30 Tage dauerten, denn so weit ist es von Arad bis ins Sinaigebiet. Entlang der Handelswege lagen Niederlassungen, in denen die Händler Lagerplätze fanden und ihre Vorräte an Lebensmitteln und Wasser ergänzen konnten. Die Strecke zwischen Arad und dem Niltal beträgt ebenfalls etwa 400 km. Der wichtigste Karawanenweg nach Ägypten zog sich entlang der Mittelmeerküste hin (viel später als Via Maris bekannt). Möglicherweise spielte sich ein Teil des Handels auch schon auf dem Seeweg ab.

Beweise für Handelsbeziehungen zwischen Orten in der Aradsenke und dem Süden des Sinai werden von der Archäologie belegt durch Funde von Keramik, die im Sinai entstand und durch Kupfergerät, ebenfalls wahrscheinlich aus dem Sinai, das in Arad und am kleinen Tel Malhata auftauchte (13). Es scheint, daß das Hauptinteresse der Bewohner der Gegend von Arad darin

Abb. 20 Fragment eines ägyptischen Kruges, in Arad gefunden, mit dem Namenszeichen von Narmer, dem letzten vordynastischen Herrscher in Ägypten

bestand, daß Arad Umschlagplatz für Kupferwaren aller Art war. Demgegenüber bleibt es unklar, was die Bewohner des Südsinai in Arad kauften; vermutlich waren es Lebensmittel, wie Getreide, Olivenöl und Wein, vielleicht auch Stoffe.

Eine Beziehung zwischen Arad und Ägypten wird deutlich an ägyptischer Keramik, die in Arad und am kleinen Tel Malhata gefunden wurde und an kanaanäischer Keramik, die wiederum an einigen Orten in Ägypten auftauchte: z.B. in Minshat

Abu Omar im südlichen Nil-Delta und in den Gräbern der letzten Könige der prädynastischen Zeit (Dynastie Null) in Abydos und Neqada (14). Wahrscheinlich dienten die Gefäße eigentlich nur als Verpackung für Waren, die einmal darin nach Ägypten exportiert wurden und trotzdem aus unerfindlichen Gründen aufbewahrt, bzw. ins Grab mitgegeben wurden. Besondere Aufmerksamkeit gebührt den Scherben eines großen ägyptischen Vorratsgefäßes, das in Arad gefunden wurde, und auf dem das SERECH, d.h. der Name und das „Wappen" des Pharao Narmer, des letzten Königs der Dynastie Null in Ägypten vor dem Brand eingeritzt wurde (Abb. 20). Dieses Gefäß deutet an, daß die Handelsbeziehungen zwischen Ägypten und Kanaan mindestens teilweise den offiziellen Stempel des ägyptischen Reiches trugen (15). Die Ägypter suchten in Kanaan damals, wie auch in späterer Zeit, wohl hauptsächlich Olivenöl und Bauholz. In Arad konnten sie Öl einhandeln, das im benachbarten Bergland von Hebron produziert wurde, sowie als Rohstoffe Bitumen und Salz vom Toten Meer (16). Das Bitumen diente als Klebstoff; es läßt sich leicht verarbeiten, weil es bei niedrigen Temperaturen schmilzt oder weich wird und wieder schnell erhärtet. Man konnte damit Feuersteinklingen in einen Knochengriff einkleben, um z.B. eine Sichel herzustellen.

Wegen seiner Fähigkeit, Gegenstände wasserundurchlässig zu machen, diente Bitumen auch zur Dichtung von Booten und Tongefäßen, die Flüssigkeit besonders gut halten sollten. Es ist allerdings schwer vorstellbar, was die Kanaanäer wohl in Ägypten kauften. Möglicherweise befanden sich unter dem Import Luxusartikel, wie Schmuckstücke, denn in Arad wurden auch Fritte- und Fayenceperlen entdeckt, deren Ursprung im Niltal vermutet wird.

DIE METROPOLE ARAD: FRÜHBRONZEZEIT II

Schichten III-II-I

Um 3500 v.Chr. führte die technische und soziale Entwicklung zur Entstehung der ersten Städte in Mesopotamien und vielleicht auch in Ägypten. Die Erfindung des Pfluges, von einem Ochsengespann gezogen, und die Ableitung von Flußwasser in Kanäle zur Bewässerung der Felder erhöhten die Erträge des Bodens erheblich und damit auch die Nahrungsmittelüberschüsse. Als Folge konnte eine größere Bevölkerung in einer Ansiedlung existieren. Die Zahl der spezialisierten Handwerker nahm zu, und rege Handelsbeziehungen entstanden zwischen weit voneinander entfernten Gebieten. Als Ergebnis veränderte sich die Struktur der Gesellschaft. Der Verwaltungsapparat verzweigte sich, und komplizierte politische Gebilde kristallisierten sich heraus, zuerst die Stadt, danach der Stadtstaat.

Am Ende der Frühbronzezeit I, in den letzten Jahrhunderten des 4.Jahrtausends v.Chr., begann auch im Land Israel der Urbanisierungsprozeß; erst nur in wenigen Niederlassungen, doch um das Jahr 3000 v.Chr., am Anfang der Frühbronzezeit II, als viele Städte in allen Teilen des Landes aus dem Boden schossen, war dieser Prozeß schon voll im Gange.
Im Kulturbereich des Arad-Beckens reiften bereits im Laufe der Frühbronzezeit I die Entstehungs- und Lebensbedingungen für eine Verstädterung der dörflichen Ansiedlungen heran, die am Anfang der Frühbronzezeit II voll zum

Tragen kamen. Von allen kleinen Siedlungen der Frühbronzezeit 1 gemeinsam kulturell getragen und von diesem ausgehend, entstand die Stadt mit ihrer schützenden Befestigung auf dem Gebiet des Dorfes Tel Arad, denn an diesem Ort kamen bessere geographische und geologische Bedingungen als irgendwo sonst in dieser Gegend zusammen: der Talkessel mit den zwei Bachläufen darin, die das Regenwasser aus der Senke in die Ebene abführen, die schon früh eingedämmt worden waren und so ein beachtliches Wasserreservoir im Zentrum der Stadt anboten. Hinzu kommt, daß der Hügel aus weicher Kreide besteht und so ein überall greifbares und einfach zu verarbeitendes Baumaterial zur Verfügung stellt. Auch Sicherheitsgründe führten gewiß zur Wahl des Ortes, denn die Anhöhe überragt die Umgebung und ist darum leichter zu verteidigen, wenn auch die Lage in einer Senke, vor allem im Osten, einige Schwachpunkte mit sich bringt, die der Stadt schließlich zum Verhängnis wurden.

Die bäuerliche Ansiedlung von Arad zählte in der Frühbronzezeit I höchstens mehrere hundert Einwohner, wogegen die Stadt wahrscheinlich schon 2000-2500 Einwohner hatte. Es ist anzunehmen, daß der Zuwachs der städtischen Einwohnerschaft hauptsächlich einer Landflucht zu verdanken war, denn der archäologische Befund zeigt deutlich, daß ein Teil der Dörfer, die in der Ebene in der Frühbronzezeit I existierten, zur Zeit der Frühbronzezeit II nicht mehr bewohnt waren.

Abb. 21 Plan der Stadt in Schicht II

Am Anfang war die Stadtplanung

Selbst aus dem fragmentarischen Grundriß der Stadt, soweit er uns bekannt ist, kann man ohne weiteres erkennen, daß die Stadt nach einem durchdachten und vorgeplanten Schema entstand, das unter dem Einfluß der allgemeinen damaligen Urbanisierungsentwicklungen im Lande zu sehen ist (Abb. 21). Beim Bau ging man grundsätzlich folgendermaßen vor: Erst wurden Schutt und Baureste entfernt, die Erdoberfläche eingeebnet und Höhlen (der Schicht IV) zugemauert. Nachdem die Baufläche begradigt war, gingen die Bauleute zunächst an die Errichtung der Stadtmauer, obwohl man annehmen darf, daß ein Teil der Gebäude im Stadtinneren zur gleichen Zeit entstand.

Die Befestigungswerke

Die Mauer wurde unmittelbar auf dem Bergkamm, d.h. auf der Linie der Wasserscheide errichtet. Dafür waren zwei Gründe ausschlaggebend: die Aussicht auf eine totale Nutzung des in diesem Bereich anfallenden Regenwassers und die Möglichkeit, die Fundamente der Mauer direkt auf den nackten, gewachsenen Fels, der hier überall zutage tritt, zu legen. An den östlichen Abhängen, wo der Felsen unter einer dicken Schicht von Schwemmland verborgen lag, waren die Bauleute gezwungen, erst einen tiefen Fundamentgraben auszuheben und eine Lesesteinbettung einzulegen, die dann als Fundament für die Mauer diente.

55 m südlich der Mauer wurden Reste eines antiken Steinbruches gefunden, in dem die Arbeit der Stadterbauer ihre Spuren hinterlassen hat, besonders die der Schicht III. Kleineres und mittleres Steinmaterial, das beim Bruch der großen Steine für die Stadtmauer als Abfall entstand, wurde für den Bau der Häuser in der Stadt bestimmt und, wahrscheinlich auf Eseln, abtransportiert. Große Steine dagegen, für den Stadtmauerbau, wurden wohl aus dem Steinbruch mit Ochsengespannen auf Holzschlitten gezogen.

Die Länge der Mauer betrug 1200 m, ihre Breite liegt bei 2.30 m bis 2.50 m. Sie wurde in Schalenbauweise errichtet, d.h. eine äußere und innere Mauerschale wurden gleichzeitig hochgezogen, und im selben Arbeitsgang der Zwischenraum mit einer Füllung aus Splitt und Bauabfällen aufgefüllt. Obwohl nur die unteren Steinreihen der Mauer erhalten blieben, kann man ihre Höhe durch einen Vergleich mit den Mauerresten von Tell el-Far'ah (N), die bis zur Höhe von 5 m erhalten geblieben sind, schätzen. Vermutlich erreichte die Mauer von Arad eine ähnliche Höhe. Die Mauer war durch halbrunde und viereckige Türme gegliedert (17).

Die Grabungen legten bis jetzt 2 Tore in der Mauer frei. Jedes Tor war durch einen Flanken-Turm geschützt. Das erste Tor ist 2.80 m breit und liegt an einer Hauptverkehrsader im zentralen Westteil der Mauer; das zweite Tor hat eine Breite von 3.40 m und gestattete den Zugang zur SW-Ecke der Stadt, nahe der Biegung der Mauer. Wahrscheinlich befand sich das Haupttor der Stadt im östlichen Mauerzug, in der Tiefe der Talsenke; die Reste der Mauer und das Tor sind in diesem Abschnitt aber völlig verschwunden.

Möglicherweise drang der Feind im Bereich dieses Tores in die Stadt ein und schlug dabei eine breite Bresche in die Mauer. Im Laufe kommender Generationen zerstörte dann die Erosion die verbliebenen Reste, oder die Steine wurden vielleicht 1500 Jahre später abgebrochen und bei der Errichtung der israelitischen Festung auf dem höheren Teil des Tels wiederverwendet.

Außer den Toren wurden auch zwei Ausfallpforten entdeckt – schmale Öffnungen in den Befestigungen, die nicht mehr als 1 m Breite haben – die als zusätzliche Eingänge in die Stadt dienten. Diese, im Gegensatz zu den Toren, konnte man in Kriegszeiten schnell zumauern.

Auch die verschiedenen Viertel der Stadt zeigen eine ordnende Hand, als habe sich ein „Planungsteam" bei seiner Arbeit größte Mühe gegeben

Abb. 22 Blick auf die kanaanitische Stadt von der israelitischen Festung aus

(Abb. 22). Man kann es gut an dem verzweigten und durchdachten Straßennetz erkennen, an der Anlage des Hauptwasserreservoirs und dem Ring der Gebäude, die es umgeben, an der Ballung öffentlicher Gebäude im „Herzen der Stadt", an der Lage der Wohnhäuser in einer Art von „Wohnvierteln" und an den Flächen, die absichtlich „frei" blieben.

Das Straßennetz

Dieses System umfaßt Sternstraßen, die in der Umgebung der Mauer ihren Anfang nehmen und am Platz mit dem Wasserreservoir auslaufen, und Ringstraßen, die sich entlang der Höhenlinien des Hügels hinziehen und die Radial-Straßen kreuzen. Die Sternstraßen dienten in erster Linie natürlich als Verkehrswege für Mensch und Tier

und dann als „Kanalisation" des Regenswassers zum Reservoir inmitten der Stadt.

Das Wasserreservoir und der Gebäudering

Da in der Umgebung von Arad keine Brunnen und Quellen liegen oder Flüsse verlaufen, die das ganze Jahr hindurch Wasser führen, war das Wasserreservoir im Herzen der Stadt ihre wichtigste Wasserquelle (Abb. 23). Die Fläche des Reservoirs betrug 900 qm; seine Tiefe ist nicht bekannt, daher kann sein Fassungsvermögen nicht mit Sicherheit berechnet werden. Die Verdunstungswerte in der Gegend von Arad sind hoch, und in den trockenen Sommermonaten erschöpfte sich sicherlich der Wasservorrat im Reservoir sehr schnell, auch wenn die Niederschläge größer waren als heutzutage. Es ist daher anzunehmen, daß die Stadtbewohner zusätzliche Zisternen in Hügeln ringsherum angelegt hatten und auch Wassersammelgruben aushoben, nach der Art der Beduinen, die heute hier leben.

Im Westen, Süden und Norden ist das Reservoir von Gebäuden umgeben, im Osten grenzte es an einen Damm, von dem nur geringe Spuren erhalten blieben. Wahrscheinlich hatte wenigstens ein Teil der Gebäude mit der Verwaltung der Wasserzuteilungen zu tun: in der NO-Ecke steht ein ziemlich großes Haus - vielleicht zugleich Amtsgebäude und Residenz des Beauftragten für die Wasserwirtschaft und dessen Zuteilung; daher gaben wir dem Gebäude die Bezeichnung „Haus des Verwalters der Wasserversorgung". Weiter westlich schließt sich ein Riesenbau an, der

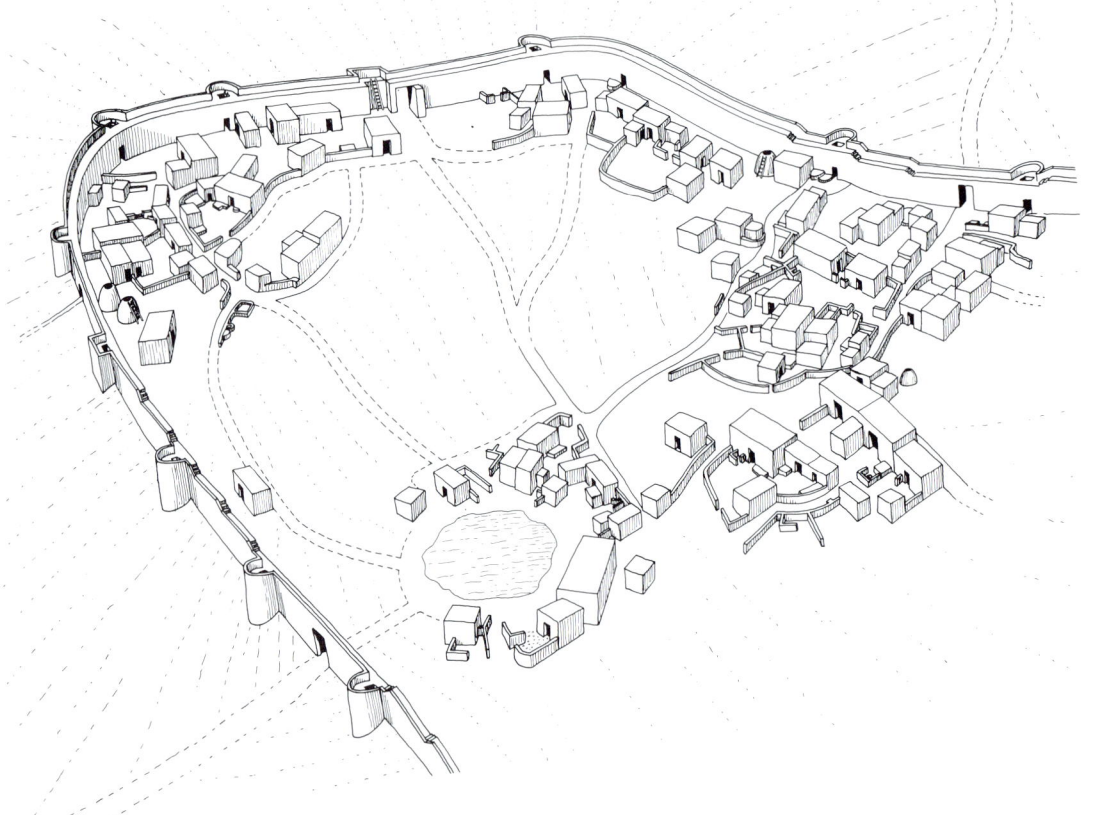

*Abb. 23
Rekonstruktion
der Stadt
in Schicht II*

9x21 m Kantenlänge hat, besonders dicke Mauern besitzt und fünf enge und längliche Räume enthält. Die Bedeutung dieses Gebäudes ist leider nicht klar erkennbar, aber wahrscheinlich stand auch dieses Gebäude mit dem Schutz des Wasserreservoirs und des Haupttors der Stadt in Verbindung, das sich vermutlich vom Platz des Reservoirs in das Vorland der Stadt hin öffnete und im östlichen Verlauf der Mauer zu lokalisieren ist. An der West- und Südseite des Wasserreservoirs wurden kleine Häuser mit Höfen freigelegt, die möglicherweise als Wohnungen für Handwerker dienten, deren Berufe, wie Gerberei und Töpferei vom Wasser abhingen; vielleicht waren es aber auch eher Häuser von Beamten, die wiederum für die Wasserzuteilung zuständig waren.

Öffentliche Gebäude

Drei öffentliche Anlagen wurden beiderseits der Straße, die vom West-Tor in Richtung des Wasserreservoirs verlief, freigelegt: Marktviertel und Plätze, der Palastbezirk und ein in sich abgeschlossener heiliger Bezirk. Die Flächenausdehnungen des Palastes und des heiligen Bezirkes sind einander ähnlich und betragen je ca. 1000 qm; beide waren auch von Hofmauern umgeben. Die Lage beider Komplexe zeugt ebenfalls von einer Planung, denn sie wurden im „Herzen der Stadt", bewußt nahe zueinander, angelegt. Man kann also ohne weiteres behaupten, daß dieses Gebiet, mit dem Wasserreservoir als Zentrum, von vornherein für öffentliche Bauvorhaben reserviert wurde. Am West-Tor, zwischen der Stadtmauer und dem Palast, fanden wir einen weiträumigen offenen Platz, der unmittelbar an der Stadtgrenze gelegen, Einheimischen wie Fremden wahrscheinlich als Markt diente. Es ist ein Gebiet mit ganz wenigen verstreuten Bauten, in denen aber viele Pithoi und kleinere Vorratsgefäße gefunden wurden; möglicherweise waren diese Aufbewahrungsbehälter für Güter, die hier gehandelt wurden. Eine abgegrenzte, an sich sonst aber leere Fläche nahe beim Palast diente vielleicht als Schafhürde und stand vermutlich ebenfalls mit dem Marktleben in Verbindung.

Wohnhäuser

Wohnhäuser erschienen bei der Grabung entlang der Abhänge innerhalb der Stadt, vor den südlichen und westlichen Abschnitten der Stadtmauer und nördlich der Straße, die vom West-Tor herunterkam, und südlich vom Palastbereich. Man kann bei den Wohneinheiten gewöhnlich drei verschiedene Größen unterscheiden: eine kleine Einheit, die ca 40 qm umfaßt und meistens in einen Hauptraum, Nebenraum und Hof unterteilt ist; dann eine mittelgroße Einheit, die 85 qm umfaßte und im allgemeinen eine ähnliche Unterteilung hatte; und eine große Einheit mit 150 qm, die einen Hauptraum, zwei Nebenräume und einen Hof einschloß. Es mag sein, daß diese Unterschiede der Wohngebäude (wie heute) irgendwie die wirtschaftliche und soziale Struktur der Stadtbevölkerung widerspiegelten (18). An der südlichen Mauerbiegung (Grabungsareal K) wurde ein Wohnviertel mit besonders großen Wohneinheiten freigelegt, vielleicht die Wohngegend der begüterteren oder vornehmeren Schichten.

Freie Plätze

Das Leben in jeder städtischen Gemeinschaft, der antiken wie der heutigen, bringt es mit sich, daß die Bevölkerung sich irgendwo treffen möchte, sei es um Waren zu tauschen oder um profane und religiöse Feste zu feiern. Darum war es bei einer Stadtplanung schon immer wichtig, größere Gebiete im Stadtbereich, die frei von Bebauung sind, für solche Versammlungen zur Verfügung zu stellen. Auf diesen freien Plätzen spielt sich auch sonst ein großer Teil des Gemeindelebens ab. In Arad wurden einige solcher freien Plätze festgestellt, unter ihnen der Markt nahe beim West-Tor und ein Platz zwischen dem Tempel und dem Palast, auf dem augenscheinlich religiöse Versammlungen oder Feiern abgehalten wurden.

DAS WIRTSCHAFTSLEBEN DER STADT

Der archäologische Befund deutet darauf hin, daß die Wirtschaft der Stadt mehrere Zweige umfaßte: Ackerbau, Viehzucht, regionaler und zwischenregionaler Handel und verschiedene Handwerksberufe.

Ackerbau

Eine ziemlich große Menge von verkohlten Sämereien wurde in den Wohnhäusern und in den öffentlichen Gebäuden gefunden, eine Fülle, die auf die große Bedeutung des Ackerbaus in der Wirtschaft der Stadt hindeutet. Die wichtigsten Getreidearten, die angebaut wurden, waren Gerste und Weizen. Der Anbau von Hülsenfrüchten, wie Linsen, Erbsen und Kichererbsen war zweitrangig in seiner Bedeutung (19) (Abb. 24).

Die Felder erstreckten sich wohl am Fuße des Tels und wurden nur durch die Winterregen bewässert. Die Aussaat des Getreides geschah wahrscheinlich in den Monaten November-Dezember nach dem ersten Regen. Die Ernte begann am Anfang des Sommers, in den Monaten Mai-Juni. Es ist leider unbekannt, ob die Bauern Besitzrecht an den Feldern besaßen, und wie die Ernte verteilt wurde. Aber man kann annehmen, daß die wirtschaftlichen und sozialen Unterschiede, die unter den Stadtbewohnern existierten, sich in der Verteilung der Besitzrechte am Ackerland widerspiegeln.

Der archäologische Befund belehrt uns lediglich über die Technik des Pflügens und des Erntens. Das wichtigste Gerät zum Bebauen der Felder war also wahrscheinlich der Pflug, der wohl von einem Ochsengespann gezogen wurde. Die Rinderknochen, die bei der Grabung auftauchten, sind der einzige Hinweis für die Möglichkeit einer Verwendung des Pfluges, denn im ganzen Land wurden keine Reste von Pflügen gefunden (vermutlich bestanden Pflug und die Pflugschar aus Holz, einem vergänglichen Material).

Ein anderes Gerät zum Lockern der Erde war der „Grabstock", der die Erde nur ritzte und darum unergiebiger war als der Pflug (Abb. 25). Dieses Gerät bestand aus einem langen, an seinem unteren Ende zugespitzten Stock, dessen Mitte oder unteres Ende mit einem schweren Steinring beschwert war, um den Stock beim Stechen der Erde handlicher zu machen. In Arad wurden viele Steinringe bzw. Gewichte dieser Art in allen Häusern der Stadt gefunden, eine Tatsache, die darauf hinweist, daß ein Ochsengespann sicherlich kostspieliger Besitz war. Viele waren wahrscheinlich gezwungen, ihre Felder mit Hilfe dieses „Grabstockes" zu bestellen (20).

Auch karbonisierte Olivenkerne fand man häufig in der Grabung, obwohl in geringeren Mengen als Getreide und Hülsenfrüchte. Denn der Olivenbaum gedeiht nur richtig unter Bedingungen wo mindestens 400 mm jährlicher Niederschlag anfallen, eine Menge, die im Arad-Becken sicherlich nicht vorhanden war, selbst wenn die klimatischen Bedingungen damals günstiger waren. Deswegen ist es fraglich, ob der Olivenbaum im Gebiet von Arad gedieh, es sei denn, die Wassermenge wurde künstlich aufgebessert, schon allein durch Anlage von Ringen um die Bäume in den Gärten und dann durch den Bau von Ackerbauterrassen in den Flußtälern, um Wasser aufzufan-

Abb. 24 Verkohltes Getreide im Vergleich zu modernen Arten: 1 Gerste, 2 Weizen, 3 Erbse, 4 Kichererbse, 5 Linse, 6 Olivenkerne

Abb. 25 Rekonstruktion eines Grabstockes

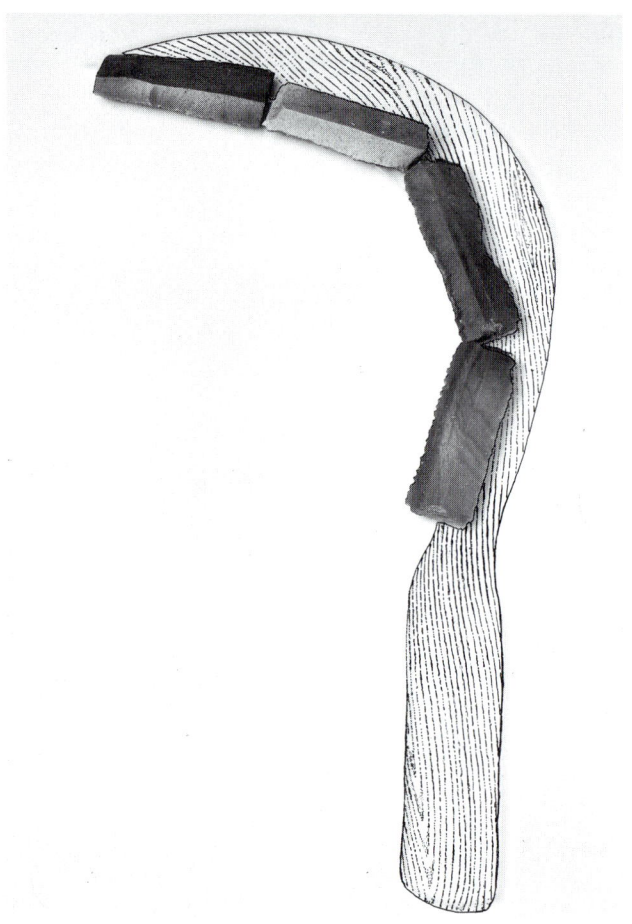

Abb. 26 Rekonstruktion einer Sichel. In der Ausgrabung fanden sich nur die Flinteinsätze

gen und die Ackerkrume gegen Abschwemmen zu sichern. Es ist plausibler anzunehmen, daß die Oliven und das Öl aus dem Bergland von Hebron, das im Norden an die Aradsenke grenzt, stammten, aus einer Region, in der Feuchtigkeits- und Bodenbedingungen sich für den Anbau von Oliven eignen.

Zur Erntezeit wurden die Getreidehalme mit Sicheln geschnitten. In eine sichelförmige Handhabe aus Holz waren besondere Feuersteinklingen eingepaßt. Von diesen Sicheln blieben nur die Klingen mit Bitumen spuren erhalten, dem Klebematerial, das zum Einkleben der Klingen in den Griff benutzt wurde (Abb. 26). Die Garben wurden dann zur Dreschtenne gebracht. Heutzutage, wahrscheinlich genau so wie in der Vergangenheit, wird diese Tätigkeit hin und wieder mit einem Esel, der einen Dreschschlitten zieht, bewerkstelligt. In der Holzfläche des Dreschschlittens, wie er heute noch in verschiedenen Ländern des Mittleren Ostens benutzt wird, waren Klingen aus Stein oder Metall eingesetzt; der Esel geht dabei stundenlang im Kreise herum und zieht so den Dreschschlitten über das Getreide hinter sich her (Abb. 27). Nach dem Dreschen mußte man den Strohhaufen worfeln, um die Getreidekörner von der Spreu zu trennen. In Arad selbst fand man keine Tennen. Sie lagen wohl außerhalb der Stadt auf einer ebenen Lößfläche. Aber in den Weiten des Negev wurden viele Tennen aus dieser Zeit gefunden, allerdings auch nur dort, wo sie aus dem Felsen ausgehauen waren.

Die Hülsenfrüchte wurden mitsamt ihrem Wurzelwerk aus dem Boden gezogen und auf der

Abb. 27 Ein Paar Ochsen ziehen einen Dreschschlitten

Tenne gedroschen. So pflegt man auch heutzutage noch in vielen Gegenden des Mittleren Ostens zu verfahren, wo die proteinreichen Hülsenfrüchte als wichtiges Nahrungsmittel und Fleischersatz gelten.

Das Getreide und die Hülsenfrüchte wurden in Speichern gelagert, die in Höfen und auf den freien Plätzen standen. Die Silos, die auf den freien Plätzen entdeckt wurden und die vermutlich als öffentliches Eigentum galten, waren größer als jene, die in Privathäusern zu finden waren. Von den Silos blieben nur die Fundamente erhalten, runde Steinbasen, deren Durchmesser 2-5 m betrug; auf manchen Silobasen fand man am Rande noch Ziegelreste des aufgehenden Mauerwerks (Abb. 28). Durch einen Vergleich mit einem Silomodell aus El-Kab in Ägypten kann man die Silos in Arad als Anlagen mit Kuppeln rekonstruieren,

Abb. 28 Eine runde steinerne Plattform, vermutlich die Basis eines Silos aus Lehmziegeln

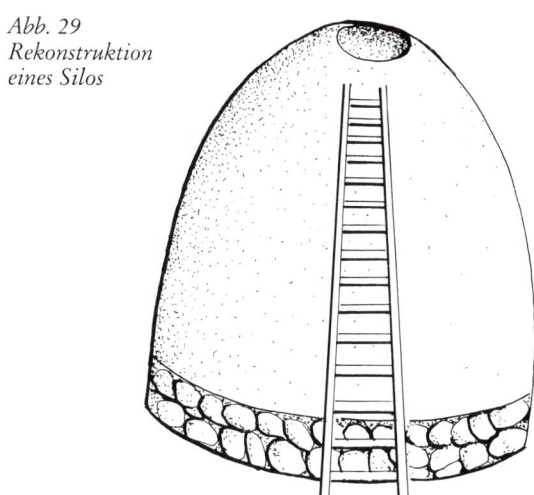

Abb. 29
Rekonstruktion
eines Silos

werden im Winter wohl auf Weiden in der Ebene vor der Stadt und in der Judäischen Wüste zum Grasen geführt worden sein, im Sommer dagegen mußten sie sich mit den Stoppelfeldern und der verwelkten Vegetation begnügen. Möglicherweise wanderten dann Hirten und Herden bis ins Gebirge von Hebron, um noch Weideplätze zu finden.

Das Knochenmaterial von Rindern war bei weitem seltener als das der Schafe und Ziegen. Vermutlich wurde das Rind vor allem als Arbeitstier, z.B. beim Pflügen benutzt, jedoch ist anzunehmen, daß es auch für die Fleisch- und Milchwirtschaft gezüchtet wurde. Auch das Rind fand seine Nahrung zunächst auf den Winterweiden und mußte sich in trockenen Jahreszeiten mit demselben Futter wie die Schafherden begnügen (Abb. 31).

deren Unterteil eine Steinbasis hatte und deren aufgehendes Mauerwerk aus Trockenziegeln bestand (21). Ungewiß ist, ob die Silo-Öffnung sich oben oder nahe dem Fundament befand (Abb. 29).

Haus- und Wildtiere

Im ganzen Grabungsbereich wurde viel Knochenmaterial domestizierter Tiere (Schafe, Ziegen, Rinder, Esel, Pferde, Schweine und Hunde) und von Wildtieren (Rehen, Steinböcken, Damwild und Raubtieren) geborgen (Abb. 30). Nach der relativen Menge der verschiedenen Tierknochen kann man darauf schließen, daß sich die Tierhaltung im frühen Arad hauptsächlich auf Schaf- und Ziegenhaltung beschränkte, die Milch, Fleisch und Wolle lieferte (22). Die Schafherden

Abb. 30 Hörner domestizierter und wilder Tiere

Abb. 31 Eine Herde mit Schafen und Ziegen in der Gegend von Arad

Abb. 32 Männlicher nubischer Steinbock in En-Gedi nahe dem Toten Meer

Abb. 33 Eine Gazellenherde im Tal von Arava

Die beachtliche Menge von Eselknochen, die in verschiedenen Häusern entdeckt wurde, bestätigt die Meinung, daß der Esel das wichtigste Zugtier im Verkehr und bei der Beförderung von Lasten war (das gilt für den ganzen Alten Orient). Demgegenüber ist die Menge der Pferdeknochen gering(23); man vermutet daher, daß diese Tiere zum Reiten benutzt wurden. Aus der Tatsache, daß Pferde- und Eselknochen im Abfall von Privathäusern gefunden wurden, kann man vielleicht folgern, daß sobald ein Tier alt wurde oder sich verletzte, geschlachtet und gegessen wurde.

In der Stadt wurden auch einige wenige Knochen von Schweinen, Rehen, Damwild und Steinböcken gefunden (Abb. 32). Das Schwein war wegen seiner Schwerfälligkeit für Nomaden ungeeignet, und wurde darum nur von den Dörflern und Städtern für die Fleischlieferung gezüchtet. Rehe, Damwild und Steinböcke wurden demgegenüber nie domestiziert, sondern nur gejagt (Abb. 33). In allen Ortslagen der Frühbronzezeit II, inklusive Arad, wurden keine Pfeilspitzen gefunden. Daher nimmt man an, daß diese Tiere in Fallen oder Netzen gefangen wurden.

Handel

Arad war damals die südlichste Stadt Kanaans. Ihre geographische Lage verlieh ihr eine Sonderstellung bei den Handelsbeziehungen mit den Wüstenländern im Süden und mit den zum Norden und Westen hin gelegenen Ebenen- und Bergregionen, die ein Mittelmeerklima haben (Abb. 34).

Der Handel mit den Negevsiedlungen: Arad, an der Grenze zur Wüste gelegen, fungierte sicherlich als zentraler Marktort für die bäuerlichen Ansiedlungen des Negev. Erzeugnisse aus Feuerstein, Töpferwaren und Reibsteine erreichten diesen Umschlagplatz aus dem Negev und wurden von den Stadtbewohnern für den eigenen Bedarf erworben, oder als Waren aufgekauft, die sie später mit den Bewohnern der nördlich von Arad gelegenen Niederlassungen austauschen wollten (Abb. 35).

Die aus Silex mit Kreidekortex gefertigten Werkzeuge – der Fächerschaber und die kanaanäische Sichelklinge – stammen aus dem zentralen Negev, aus einer Region, die reich an Lagern dieses vorzüglichen Feuersteinmaterials ist (Abb. 36). Von den Tonwaren stammt eine Sorte der Loch-Mund-Töpfe (Holemouth jar), die in Häusern von Arad gefunden wurden, aus dem südlichen Negev; bestätigt wird dies durch petrographische Untersuchungen; diese ergaben, daß der Ton fossile Muscheln enthält, die im Felsgestein des südlichen Negev und im Sinai zu finden sind (24). Es ist anzunehmen, daß der Inhalt des Kruges wichtiger als das Gefäß selbst war, denn auch in Arad wurden Loch-Mund-Töpfe dutzendweise hergestellt. Aus dem Negev kamen auch Reibsteine, die aus schwarzem Sandstein angefertigt wurden. Dieser schwarze Sandstein stammt aus der Gegend von Timna bei Elat und aus dem Machtesh Ramon.

Beweise für den Tauschhandel, der sich zwischen den Stadtbewohnern und der Negevbevölkerung auf dem Markt von Arad abspielte, fand man an verschiedenen Stellen im Negev, wo Kera-

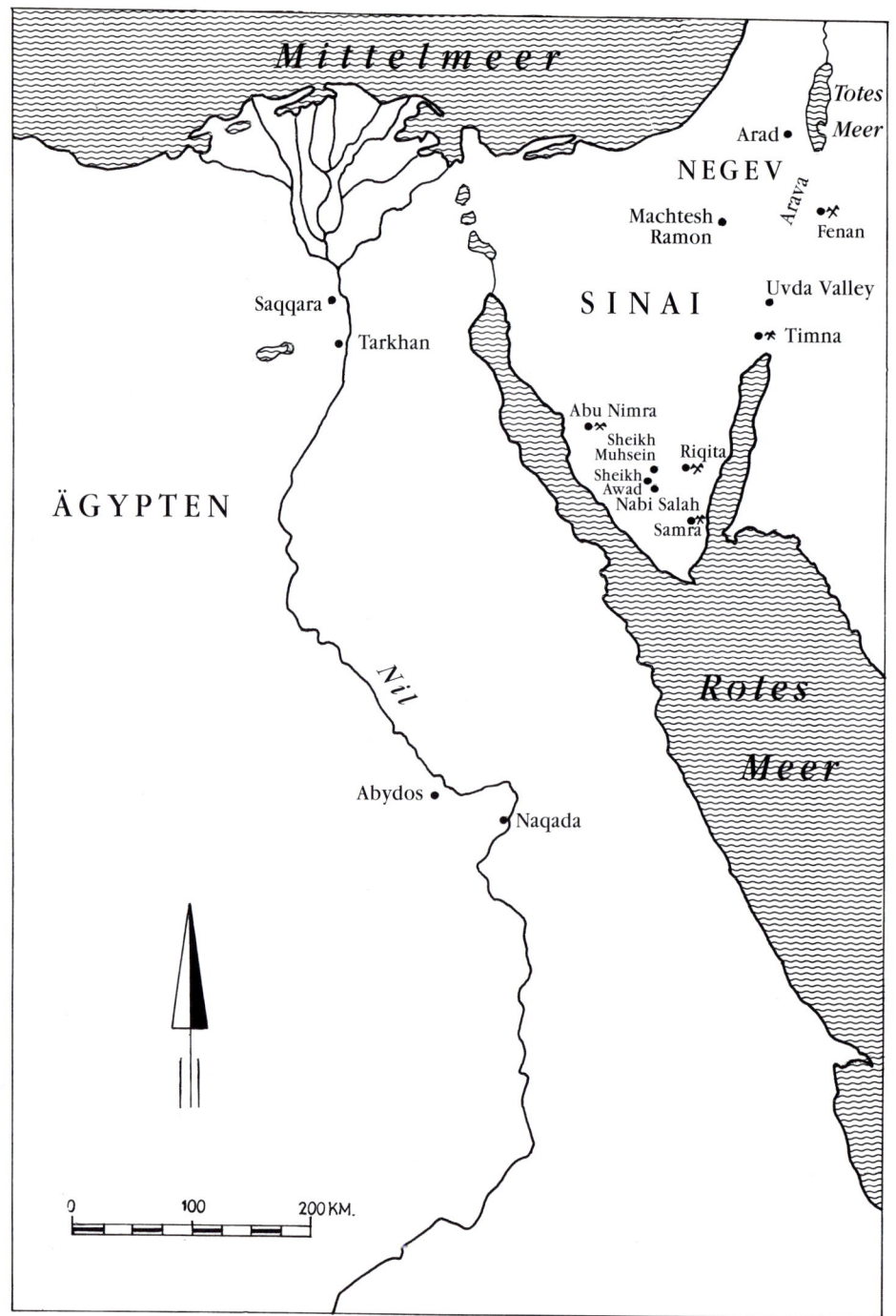

Abb. 34 Siedlungen und Fund-
stätten südlich von Arad und
ihre Handelsbeziehungen

✗ Kupferminen

• Siedlungen und Orte

mik, die aus Arad stammt, auftauchte. Vermutlich kauften die Bewohner des Negev hauptsächlich Nahrungsmittel, wie Olivenöl, Wein, Getreide und Hülsenfrüchte.

Der Handel mit dem Süden der Sinaihalbinsel: Eine besonders rege Handelsbeziehung bestand zwischen Arad und der Bevölkerung der Siedlungen im Süden der Sinaihalbinsel; dort wurde Kupfer gewonnen und zu verschiedenen Geräten verarbeitet, nämlich zu Äxten, Beilen, Meißeln, Ahlen und Nadeln. Der Handel mit Kupfererzeugnissen, der schon in der Frühbronzezeit I begann, nahm in der Frühbronzezeit II, mit der fortschreitenden Blüte der Stadt in Arad zu, denn zu dieser Zeit wurden Kupfererzeugnisse unentbehrlich im täglichen Leben der Bevölkerung von Kanaan. Arad wurde das bedeutendste Handelszentrum für Kupfergeräte in ganz Kanaan (25) (Abb. 37). Es

Abb. 36 Ein flacher Schaber und große Flintklingen, die aus dem zentralen Negev nach Arad gebracht wurden

wurde wohl hauptsächlich als Fertigware aus dem Sinai auf den zentralen Markt in Arad gebracht; ein Teil der Ware blieb in der Stadt und wurde von ihren Bewohner benutzt, der Rest ging an andere Ansiedlungen im Bereich Kanaans. Der Handel mit Kupfer stellte also einen der wichtigsten Wirtschaftszweige in der Stadt Arad dar. Die Entfernung zwischen Arad und dem Südsinai beträgt ca. 400 km; Handelskaravanen mit ihren Eseln schafften diese Strecke in etwa einem Monat. Ihre Handelstraßen richteten sich dabei an Dörfern im Negev aus, wo sie ihre Wasser- und Nahrungsmittelvorräte für die Reise ergänzen konnten.

Diese zwei Bereiche handelten auch mit anderen Erzeugnissen aus dem Südsinai. In petrographischen Untersuchungen wurde festgestellt, daß viele der Loch-Mund-Kochtöpfe (Holemouth-

Abb. 35 Der südöstliche Negev, das Arava-Tal und die Berge von Edom

Abb. 37 Kupfergeräte, die vermutlich aus Timna und Fenan importiert wurden

cookingpot), die in Arad gefunden wurden, aus dem Südsinai stammen; im Südsinai fand man dagegen Gefäße, die aus Arad stammten (26) (Abb. 38).

Ein Teil dieser Keramik diente bestimmt als Transportbehälter für die verschiedenen Erzeugnisse, zum Teil waren sie aber selbst die Handelsware. Es ist anzunehmen, daß die Bewohner des Südsinai bestimmte Nahrungsmittel benötigten, wie Olivenöl, Wein und Bier, (vielleicht auch Textilien) die man in Kanaan erwerben und in Gefäßen weiter transportieren konnte (Abb. 39). Anders verhält es sich anscheinend mit den Kochtöp-

fen, die als Ware auf dem Markt von Arad verkauft wurden und bei den Bewohnern Arads sehr begehrt waren. Es mag sein, daß sich in zukünftigen physikalischen Untersuchungen herausstellt, welchen Vorteil das Kochen in einem Topf aus Sinai hatte, gegenüber dem Gebrauch eines Topfes, der in Arad hergestellt wurde.

Perlen aus Karneol – aus einem Quarzkonzentrat, das sich in Ablagerungsgestein kristallisiert – wurden ebenfalls wahrscheinlich aus dem Südsinai oder aus der Region von Eilat herangebracht. So wurden auch verschiedene Muschelarten vom Roten Meer nach Arad gebracht, zum Teil schon zu Perlen verarbeitet, zum Teil erhielten sie ihre Form erst in Werkstätten in der Stadt.

Der Handel mit Ägypten: In der Frühbronzezeit II ging die ägyptische Kolonie im Süd-Westen des Landes Israel zurück und verschwand vielleicht

Abb. 38 Zwei Gruppen ähnlicher Gefäße aus Arad (rechts) und aus dem südlichen Sinaigebiet (links), die die engen Verbindungen zwischen beiden Gebieten verdeutlichen

Abb. 39 Wadi Dahab, im südlichen Sinai

der relativen Chronologie von Kanaan wichtig, die auf der gleichzeitigen Geschichte Ägyptens basiert, denn diese Gruppe von Gefäßen erscheint und verschwindet innerhalb der Frühbronzezeit II (28).

Es wurden einige besonders große ägyptische Vorratsgefäße in Arad gefunden (Abb. 42). Man kann nach ihrer relativen Häufigkeit in der Grabung zu dem Schluß kommen, daß in Schicht III (3000–2800 v.Chr.) die Beziehungen zwischen Ägypten und Kanaan sehr eng waren und sich in Schicht II (2800–2700 v.Chr.) wieder lockerten. Anscheinend kauften die Ägypter, wie in der Vergangenheit (d.h. in der Frühbronzezeit I), jetzt in Kanaan wieder vor allem Olivenöl und Wein

sogar gänzlich. Der wichtigste Grund für diese Entwicklung lag wahrscheinlich in den Handelsbeziehungen, die damals zwischen Ägypten und den Seestädten an der libanesischen Küste geknüpft wurden. Von diesen Städten erwarben die Ägypter Erzeugnisse, die sie bisher aus Kanaan bezogen hatten. Der Handel zwischen Kanaan und Ägypten kam jedoch nicht völlig zum Erliegen. In beiden Ländern fand man Gegenstände, hauptsächlich Keramik, die jeweils im anderen Land hergestellt wurden (Abb. 40).

Eine Gruppe von kanaanäischen Gefäßen, der man eine große Bedeutung zumißt, wurde in den Pharaonengräbern der I. und II. Dynastie gefunden (Abb. 41). Es ist die Gruppe der mit geometrischen Motiven dekorierten Gefäße, bekannt als „Abydos-Keramik", und benannt nach dem Ort, an dem sie zum ersten Mal identifiziert wurden. Diese Gruppe von Gefäßen ist für die Festlegung

Abb. 40 Elfenbeinplatte aus Abydos (König Hor-Aha I. Dynastie vermutlich Darstellung eines kanaanitischen Händlers mit einem typischen einheimischen Krug

Abb. 41 Eine Gruppe von Keramikgefäßen im bemalten Stil (Abydos-Ware). Gefäße dieser Art wurden in Königsgräbern Ägyptens gefunden

(Abb. 43) und in der Region von Arad hauptsächlich Bitumen, das Material, das zum Kleben und Abdichten benutzt wurde. Unklar bleibt, welche Waren die Kanaanäer, einschließlich die Einwohner von Arad, in Ägypten erwarben.

Der Handel innerhalb der Grenzen Kanaans: Politisch betrachtet gaben in dieser Epoche die Stadtstaaten den Ton an. Ein Stadtstaat war Sitz und Zentrum einer Verwaltung, die die umliegende dörfliche Region beherrschte. Die Dörfer stellten das wirtschaftliche Hinterland der Stadt dar, die Stadt ihrerseits bot den Bewohnern der Peri-

pherie Dienstleistungen, Verdienstmöglichkeiten und Schutz. In Friedenszeiten bestanden zwischen den verschiedenen Städten Handelsbeziehungen und Verteidigungsabkommen; es fand ein reger Austausch an Gütern und Gedankengut statt.

In Arad entdeckte man Keramik, die in Ortschaften des Nordens, im Westen und im Zentrum des Landes hergestellt wurde. Zum Teil waren es Vorratsgefäße für Getreide und Flüssigkei-

Abb. 43 Bemalter kanaanitischer Krug, gefunden in Abydos (König Den), I. Dynastie

Abb. 42 Ägyptische Krüge, in Arad gefunden

Abb. 44 Verkohlte Flachssamen und moderne Vergleichsart

ten, zum Teil war die Keramik selbst Handelsgegenstand (wie die flachen Teller). Von der wasserreichen Region Jericho's wurden Datteln und Flachs nach Arad gebracht (Abb. 44). Aus den Mittelmeerregionen kamen Muscheln (Glycymeris violascens), die als Schmuckstücke verkauft wurden (Abb. 45). Arad versorgte Kanaans Städte im Binnenland hauptsächlich mit Kupfererzeugnissen, die aus dem Südsinai kamen, wahrscheinlich aber auch mit zwei natürlichen Rohstoffen aus dem Toten Meer, nämlich mit Bitumen und mit Salz.

Abb. 45 Muschelschalen und Perlen, die vom Roten Meer (rechte Gruppe) und vom Mittelmeer (linke Gruppe) nach Arad gelangten

DAS WOHNHAUS UND DAS TÄGLICHE LEBEN

Wenn eine Siedlung aufgegeben wird, ist sie menschlicher Zerstörungswut und der Witterung ausgesetzt; binnen kurzer Zeit fallen die Dächer und Mauern ein. Schlimmer noch ergeht es einer Stadt, die im Krieg zerstört wird, denn ein Großteil ihrer Gebäude wird gewaltsam beschädigt. Deswegen findet man in Grabungen so selten Bauten, die die Zeit mit geringen Schäden überstanden haben. Das war auch das Los der Gebäude in Arad: kein einziges Gebäude blieb einigermaßen gut erhalten.

Meistens können nur noch der Fußboden und die unteren Teile der Mauern freigelegt werden. Diese geben uns zwar den Grundriß des Hauses, jedoch können wir dann, zum Beispiel, nicht mit Sicherheit sagen, welche Dachform das Gebäude hatte, und ob es Fenster besaß (Abb. 46).

Ein seltener Fund, der in einem der Häuser entdeckt wurde, gibt aber ziemlich gute Hinweise auf die ursprüngliche Form des Hauses in Arad - und das vom Sockel bis zum Dach. Gemeint ist ein Hausmodell, ein Tonkästchen, 20 cm hoch, 28 cm lang und 16 cm breit (Abb. 47). Dieses Kästchen repräsentiert ziemlich genau das „Aradhaus" mit seinen wichtigsten Details: ein rechteckiger Bau mit flachem Dach, dessen Türöffnung sich in der Mitte einer Längswand befindet. Am Rande des Daches ist eine niedrige Bekrönung aufgesetzt mit je einem Paar Löcher auf beiden Seiten im Bereich des Dachrandes zur Ableitung des Regenwassers. Unser Hausmodell ist fensterlos. Vielleicht waren das auch die Häuser im allgemeinen.

In Arad wurden 30 Wohnhäuser freigelegt, in denen eine Fülle von Funden entdeckt wurde.

Dank dieser Tatsache können wir das Haus und das Alltagsleben darin ziemlich wahrheitsgetreu rekonstruieren (Abb. 48). Die Wohneinheit „Haus und Hof" enthielt drei Komponenten: einen Hauptraum, einen oder zwei Nebenräume und einen Hof. Der Hauptraum diente als Wohnraum, zugleich auch als Lagerraum für Lebensmittel und Wasser und als Küche. Der Nebenraum diente hin und wieder als Küche und manchmal als zusätzlicher Wohnraum. Möglicherweise fand dort auch das Vieh im Winter Schutz vor der Kälte. Im Hof waren die Tiere bei Nacht eingepfercht, und dort spielte sich auch das häusliche Leben ab; dort wurde gewebt und gesponnen und hier richtete man auch Flintwerkzeug zu.

Das „Aradhaus"

Der Haupt- wie auch der Nebenraum, wurden im gleichen architektonischen Stil errichtet, der in die archäologische Literatur als das „Aradhaus", oder „Breithaus" eingegangen ist. Die Wände des Aradhauses wurden aus örtlich anstehendem Kreidegestein, das hier und da ein wenig zugerichtet war, gebaut. Die Türöffnung lag immer in einer Längswand des Baues. Durch sie betrat man das Haus und mußte dann eine oder mehrere Stufen in den Raum hinuntersteigen. Links vom Eingang befand sich immer ein Stein mit einer kleinen Vertiefung, der „Türangelstein", in dem sich der Türstock drehte (Abb. 49). Die Türen und der Angelstock, die aus Holz waren, haben sich nicht erhalten. In manchen Gebäuden fand man rechts vom Eingang einen länglichen und schmalen Stein

Abb. 46 Ein typisches Arad-Haus: Der Wohnraum mit Steinbänken an den Wänden und einem Basisstein für einen Pfosten im Zentrum, der das Holzdach trug

Abb. 47 Modell eines Arad-Hauses aus Ton, gefunden in einem der Wohngebäude Arads

Abb. 48 Rekonstruktion eines Wohnhauses aus Arad (ausgestellt im Israel Museum)

aufrecht stehend im Fußboden; er gestattete mittels eines Keiles oder weiterer Steines, den man zwischen den im Boden eingelassenen Stein und die geschlossene Tür klemmte, die Tür von innen zu verschließen. In der Mitte des Raumes stand auf einer flachen, gerundeten Steinbasis ein Holzpfeiler, der das Dachgebälk trug. Der Pfeiler und die Balken blieben nicht erhalten, aber kleine Reste von Reisig und Zweigen oder von verkohlten Baumstämmen wurden in einigen Räumen ge-

funden und meist als Reste eines atlantischen Pistazienbaumes (Pistacia atlantica) identifiziert. Dieser Baum wächst noch heute auf dem Hochland des Negev; vielleicht wuchs er seinerzeit auch in der Umgegend von Arad, falls das Klima dort wirklich feuchter war. Der Zentralpfeiler trug wahrscheinlich einen dicken Längsbalken, auf dem dann die Querbalken ruhten. Auf diesem Balkenrost wurden Faschinen aus Zweigen oder Riedmatten aufgebracht und darüber eine dicke Lehmschicht gezogen. Mörtel und Kalkverputz vollendeten das Dach (Abb. 50). Auch heute noch werden im Mittleren Osten Flachdächer auf einen Rost aus Holzbalken gelegt; diese Art Dächer muß man Jahr für Jahr ausbessern.

Vor die Wände legte man im Inneren des Hauses niedrige gemauerte Bänke, 30–40 cm breit und 40–50 hoch, an. Diese waren zu schmal, um etwa als Bett zu dienen und wurden vermutlich z.B. als Regale für Haushaltsgegenstände oder für die zusammengerollten Schlafmatten benutzt. Wahrscheinlich waren Wände und Bänke mit Lehm und Mörtel verputzt, wie man aus Mörtelresten, die tatsächlich in einigen Häusern entdeckt wurden, schließen kann.

Haushaltsgegenstände und häusliches Leben

Die Menge der Werkzeuge und Gegenstände, die im Aradhaus für gewöhnlich gefunden wurden, gestatten uns, ein lebendiges Bild des Alltagslebens im Hausinneren zu rekonstruieren (Abb. 51).

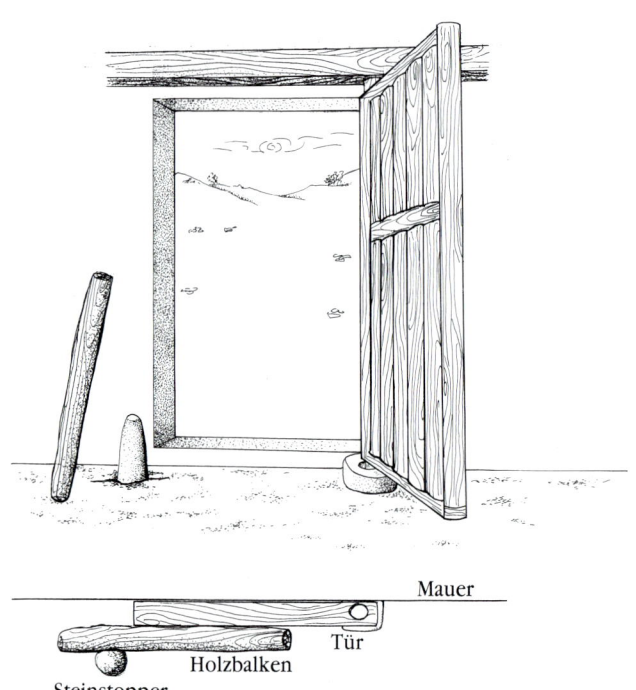

Abb. 49 Rekonstruktion der Türanlage eines Wohnhauses

Abb. 50 Ein Siedlungskomplex: Haus und ummauerter Hof

Abb. 51 Rekonstruktion des Siedlungsbereiches nach der vorstehenden Abbildung

Tongefäße: Diese stellen den wichtigsten Teil der Funde dar und erfüllen alle Bedürfnisse des Haushalts: Kochtöpfe, Vorratsgefäße von unterschiedlichen Maßen zur Lagerung verschiedener Dinge, Ess- und Trinkgeschirr und Lampen (Abb. 52). Die Zweckbestimmung einiger Gefäße ist noch ungeklärt. Da gab es:

Den Pithos - einen großen tönernen Wasserbehälter, der in jedem Haus vorhanden war. Den Loch- Mund-Kochtopf – ein kugelbauchiges Gefäß; seine Form und die Schmauchspuren auf seinen bauchigen Außenseiten beweisen zweifellos, daß es zum Kochen verwendet wurde (Abb. 53). Einen Loch-Mund-Topf – sehr ähnlich dem

Abb. 52 Große und halbgroße Vorratsgefäße

Kochtopf, jedoch mit einer flachen Basis ausgestattet, der zur Lagerung von Lebensmitteln und gelegentlich wohl auch zum Kochen benutzt wurde. Die Wellenhenkeltöpfe – wurden wohl hauptsächlich zum Transport verwendet und waren darum mit horizontalen Leistenhenkeln versehen. Vermutlich wurde in ihnen das Wasser vom Wasserreservoir im Herzen der Stadt zum häuslichen Pithos gebracht. Einen Vorratskrug mit Säulenhenkel – er wurde zur Bereitung und Aufbewahrung von Wein, Bier oder Öl verwendet. Auf diesem charakteristischen Griff konnte man das Kännchen abstellen, das zum Schöpfen der Flüssigkeit aus dem Gefäß diente (Abb. 54). Mittelgro-

Abb. 53 Kochgefäße

ße und kleine Vorratsgefäße – diese Gefäße sind hoch poliert und haben einen roten, glänzenden Überzug (Abb. 55). Leicht zugänglich, bewahrte man in ihnen kleinere Quantitäten von Nahrungsmitteln zum täglichen Bedarf auf. Ein Krater mit Tüllenausguß – wurde vielleicht zur Bierherstellung verwendet (Abb. 56). Die Gerste wurde in diesem Gefäß in Wasser eingeweicht. Nach der Fermentierung des Bieres wurde es durch diesen Ausguß ausgeschenkt, während der Gerstenbrei, der auf der Flüssigkeit schwamm, durch die Tülle im Gefäß zurückblieb (29).

Eßgeschirr – große flache Teller, Schalen, Schälchen und Becher (Abb. 57).

Abb. 54 Krug für eine Flüssigkeit. Auf dem Henkel befindet sich ein Schöpfgefäß

Abb. 55 Kleine und halbgroße Vorratsgefäße

Lampenschalen – Die Öllampe ist erkennbar durch den Schmauch, der den ganzen Rand des Gefäßes bedeckt (Abb. 58). In das Schälchen wurde erst Wasser gegossen, darauf schwamm eine dünne Ölschicht. Der aus Flachs gedrehte Docht wurde in die Flüssigkeit eingetaucht; das Docht-ende lag auf dem Rande des Schälchens und verbrannte dabei den Rand.

Zubereitung der Speisen: Der tägliche Speisezettel bestand hauptsächlich aus Getreide (Weizen und Gerste), einer kleinen Menge von Hülsenfrüchten und ganz wenig Fleisch. Wir entnehmen

Abb. 56 Tüllengefäße aus Ton, vielleicht zur Bierherstellung verwandt

Abb. 57 Eß- und Trinkgeschirr aus Ton

das der Tatsache, daß die Menge der Getreidekörner, die in der Grabung gefunden wurde, erheblich größer ist als die der Hülsenfrüchte, und weiterhin der Sitte, daß noch heute in den Mittelmeerländern die Hülsenfrüchte eine zweitrangige Komponente der Speisekarte darstellen im Vergleich zu den Mehlspeisen.

Der Fleischverbrauch: Der überaus interessante Befund in Arad deutet darauf hin, daß die Mehrzahl der Schafe und der Ziegen im Alter von 3-5 Jahren geschlachtet wurde, wobei der prozentuale Anteil der jungen männlichen Tiere höher lag als jener der weiblichen. Das bedeutet wiederum, daß die wirtschafliche Tierhaltung zunächst einmal auf die maximale Ausnutzung der Tiere für die Wollgewinnung ausgerichtet war, dann erst zählte die Milch- und Fleischproduktion (30). Hätte man die Tiere ausschließlich zur Fleischlieferung aufgezogen dann wären die männlichen Tiere schon kurz nach der Geburt geschlachtet worden, um Haltungskosten zu sparen, denn um die weiblichen Tiere zu decken, braucht die Herde nur wenige männliche Tiere. Die Tatsache, daß Arads Hirten die männlichen Tiere mehrere Jahre in der Herde hielten, beweist, daß sie nicht nur für die Fleischlieferung, sondern zur Wollgewinnung da waren. Die Häute wurden mit Hilfe eines Fächerschabers abgezogen, und einer Flintklinge, die auch zum Fleischschneiden verwendet wurde (Abb. 59). Das wiederum bezeugen mikroskopische Untersuchungen, die an den Fächerschabern von Bab-edh-Dhra im Ostjordanland durchgeführt wurden (31) (Abb. 60).

Wir können nicht mit absoluter Genauigkeit rekonstruieren, welche Speisen aus den oben er-

Abb. 59 *Flache Flintschaber, zum Schneiden von Fleisch und zur Häutung verwendet*

wähnten Grundstoffen zubereitet wurden. Etwas kann man aber von den verschiedenen Küchengeräten erfahren, die in jedem Haushalt gefunden wurden (Abb. 61). In jeder Wohneinheit fand man mindestens ein paar Reibsteine, und zwar den oberen wie den unteren Mühlstein. Die Mühlsteine wurden zum Mahlen von Getreide verwendet. Fein gemahlenes Getreide eignet sich besonders

Abb. 58 *Tonlampen*

Abb. 60
*Handhabung eines
flachen Schabers*

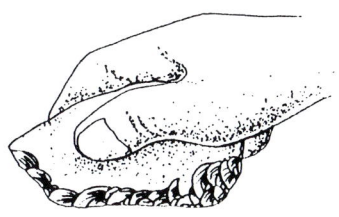

Abb. 61 Nahrungsbereitung: Mörser, Stößel, Mahlstein und Kochtopf

zum Backen von Fladenbrot. Vielleicht wurden die Speisen auch mit Olivenöl oder mit Leinsamen, die ebenfalls Öl enthalten, gekocht. In jedem Haus befand sich ein Mörser, manchmal auch zwei (32). In dem Mörser konnte man Getreide grob zerstoßen und davon Breispeisen zubereiten. Im Verlauf der Ausgrabung wurden keine Öfen gefunden. Möglicherweise hat man damals das Gebäck auf eine andere Art zubereitet, z.B. auf einer glühenden Tonscherbe, ähnlich wie es die Beduinen mancher Regionen, die ihr dünnes Fladenbrot auf glühendem Blech backen, noch heute tun. Die Hülsenfrüchte wurden wahrscheinlich unzerkleinert gekocht und dem Essen mit anderen Zutaten beigemengt oder als separate Beilage gereicht. Gekocht wurde in einer Ecke des Haupt-oder Nebenraumes, wo immer eine Feuerstelle eingerichtet war. Diese wurde aus kleinen Flintplatten direkt auf dem Fußboden zusammengelegt und hatte meist eine Fläche von 40x50 cm. Auf dieser Fläche wurden ein paar Steine aufgestellt, die den runden Kochtopf trugen. Das Brennmaterial (Holz, Mist) wurde auf die Flintpflasterung gelegt, deswegen werden die Feuerstellen immer schwarz verrußt und voller Asche angefunden.

Spinnen, Weben und Nähen: Viele Funde deuten darauf hin, daß diese Kunstfertigkeiten zu jedem Haushalt gehörten (33).

Das Spinnen: Die Spindel, das elementarste Spinngerät, das in allen Kulturen der Welt seit Jahrtausenden bekannt ist, wurde in Arad in großen Mengen gefunden. Die Spindel bestand aus einem dünnen kurzen Holzstab, der an einem

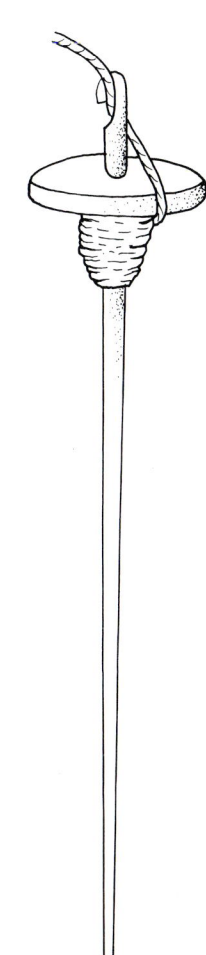

*Abb. 62
Rekonstruktion
einer Spindel*

Ende mit einem Gewicht, dem Spinnwirtel, zum Beschweren und am oberen Ende mit einem Haken versehen war (Abb. 62). Gesponnen wurde durch eine schnelle Drehung des Stabes, wobei der Spinnwirtel den Schwung auf die ganze Spin-

71

Abb. 63 Spinnwirtel aus Ton, Stein und Knochen

del und den zusammenzudrehenden Faden übertrug. In der Grabung wurden nur die Wirteln gefunden, die aus Ton, Knochen oder Stein gefertigt waren (Abb. 63). Schaf- und Ziegenwolle stellten das Rohmaterial zum Spinnen dar. Dazu kam Flachs, der wahrscheinlich aus wasserreichen Regionen nach Arad importiert wurde. Das Spinnen ist eine langwierige Arbeit, die vermutlich überall ausgeübt wurde, im Hause, im Hof und sogar draußen auf der Weide (Abb. 64).

Das Weben: Das Werkzeug, das auf die Existenz dieser Arbeit hindeutet, ist nur das Schiffchen, das aus einer geglätteten Rippe einer Ziege oder eines Schafes hergestellt wurde (Abb. 65). Mittels des Schiffchens wurden die Schußfäden durch die Kettfäden geführt. Es wurden in Arad keine Reste von Webstühlen, die aus Holz bestanden, gefunden. Trotzdem besteht kaum Zweifel daran, daß man in dieser Epoche noch keinen senkrechten Stand- oder hängenden Gewichtewebstuhl, son-

Abb. 64 Frau aus dem Samoa-Tal im Hebron-Gebirge beim Spinnen

dern nur den waagerechten Bodenwebstuhl kannte. Dieser Webstuhl wurde aus einem Paar kurzer Stäbe zusammengesetzt, deren Halteplöcke in die Erde gesteckt wurden und auf denen man die

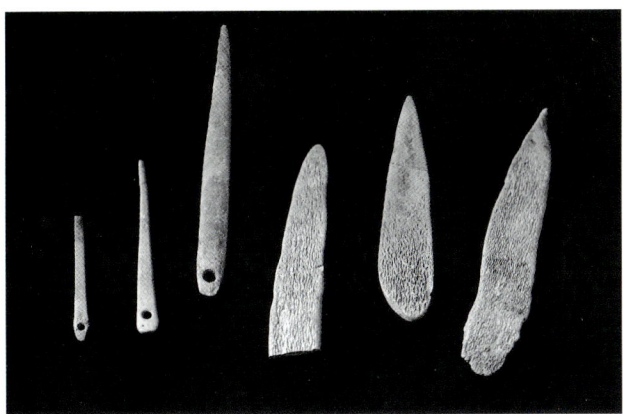

Abb. 65 Knochennadeln zum Nähen und Weben und Webschiff-chen aus Knochen

Abb. 67 Frauen beim Weben am horizontalen Webstuhl (Samoa, Hebron-Gebirge)

Kettfäden spannte (Abb. 66). Auch heute noch pflegen die Beduinenfrauen in der Gegend von Arad mit diesem Bodenwebstuhl zu weben, eine Kunstfertigkeit, die alle weiblichen Mitglieder der Familie beschäftigt (Abb. 67). Die Aufstellung eines Bodenwebstuhles benötigt ziemlich viel Platz, deswegen nimmt man an, daß solche Webstühle

nur in den Höfen benutzt wurden. Stoffreste wurden in der Grabung nicht gefunden, dagegen aber ihre Abdrücke in Keramik; vermutlich lagen die Stoffe oder Lappen in der Nähe des Tongefäßes während dessen Herstellung herum, blieben manchmal zufällig an ihm haften und hinterließen dadurch einen unauslöschlichen Abdruck am Boden des Gefäßes (Abb. 68).

Das Nähen: Die Stoffe wurden mit Hilfe von Nadeln genäht. Häute mußten vorher mit einer Ahle vorgestochen werden, ehe man die Nadel durch die Löcher führen konnte. Die Nadeln wurden aus Knochen, die Ahlen aus Kupfer hergestellt (Abb. 69).

Wie durchbohrte man Gegenstände?: Verschiedene Geräte, wie die Spinnwirteln und die Spielplatten, wurden im Haushalt mit der Hilfe eines Bohrers angefertigt. Zwei Bohrersorten waren zu dieser Zeit im Alten Orient in Gebrauch: Der Bogen-

Abb. 66 Horizontaler Webstuhl

Abb. 68 Abdruck eines Leinengewebes auf einer Gefäßscherbe

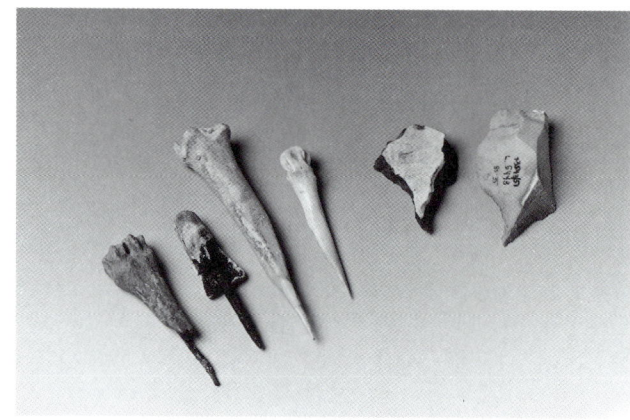

Abb. 69 Kupfer-, Knochen- und Flintahle

bohrer und der Schwungradbohrer. In Arad fand man Beweise für den Gebrauch des Schwungrad- bohrers (Abb. 70): die Steinringe, die am oberen Teil des Gerätes zum Beschweren angesetzt wa- ren, blieben nämlich erhalten. Was den aktiven Teil, die Spitze, angeht vermutet man, daß man- che Flint- und Kupferspitzen, die in Arad gefun- den wurden, in solche Bohrer eingebaut waren. Wir wissen nicht mit Sicherheit, ob der Bogen- bohrer auch in Arad benutzt wurde, denn das Ge- rät war größtenteils aus Holz und blieb darum nicht erhalten (Abb. 71). Wahrscheinlich wurde auch ein Teil der Flint- und Kupferspitzen für die- se Fiedelbogenbohrer verwendet (34).

Flintgeräte: Flintgeräte sind die meistgebräuch- lichsten unter den Haushaltswerkzeugen (Abb. 72). Grundsätzlich wurden diese Geräte aus einer ganz bestimmten Sorte Feuerstein hergestellt, der an Ort und Stelle vorhanden war und nur wenige

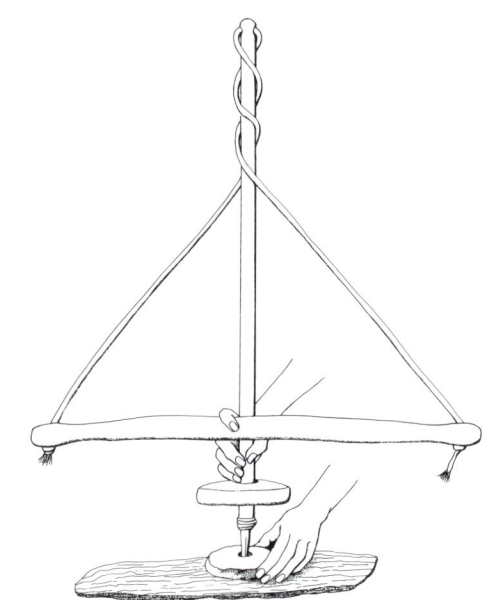

Abb. 70 Drillbohrer. Der Bogen bewegt den senkrecht stehenden Bohrer und bewirkt dessen Rotation

(Fächerschaber und die kanaanäischen Klingen) wurden als Fertigprodukte, wahrscheinlich aus dem Zentral-Negev, nach Arad gebracht. Die Werkzeuge wurden meist im Hof und nicht im Wohnraum hergestellt, vermutlich weil bei der Werkzeugherstellung viele scharfe Splitter anfielen. Die Herstellung der Flintgeräte ging wie folgt vor sich: zunächst schlugen die Bergleute eine Flintknolle aus den Flintadern des Felsens heraus. Diese Knolle wurde dann zu kleineren Teilen, Splittern oder Klingen, mit einem Hammerstein zerteilt (Abb. 73). Von den Splittern und Klingen wurden Werkzeuge hergestellt in einer Feinbearbeitung mit einem weichen Schlagstein oder mit einem Druckbeitel, meist aus dem Horn eines

Abb. 72 Die Herstellung von Flintgeräten: Flintknolle; Flintknolle nach Entfernung der Außenschicht, Schlagstein, Abschläge und Geräte

Abb. 71 Ein ägyptischer Tischler bedient einen Drillbohrer. Wandmalerei aus dem Grab des Wesirs Rechmire in Theben, 18. Dynastie

Abb. 73 Herstellung eines Flintgerätes mit einem Schlagstein

chen Plätzen und auf den Straßen gefunden, d.h. daß in Arad überall gespielt wurde, sowohl im Hause als auch in der Öffentlichkeit. Die Mehrzahl der Spielbretter ist in drei Parallelspalten aufgeteilt, die je zehn Felder oder Vertiefungen aufweisen. Spielbretter dieser Art sind durch ihren ägyptischen Namen „Senet" oder „Spiel der dreißig Felder" bekannt, ein Spiel, das in Ägypten seit dem Alten Reich verbreitet war (Abb. 75). Zusätzlich zu den Senet-Spielplatten wurden in Arad Spielplatten mit einer anderen Aufteilung gefunden. Die Regeln dieser Spiele sind uns leider unbekannt.

Wie wurde das Senet-Spiel gespielt? Die Regeln des ägyptischen Senet-Spiels sind durch Schilderungen aus dem ägyptischen „Totenbuch" bekannt: Jeder Teilnehmer besaß 5 oder 7 Spiel-

Rindes gefertigt. Flintwerkzeuge wurden vielseitig verwendet zum Bohren, Durchstechen, Schneiden, Hobeln, für Sicheln und zur Lederbearbeitung (35).

Spiele

Die 55 Spielplatten, die in Arad entdeckt wurden, stellen die größte Gruppe der Spiele dar, die je im Alten Orient entdeckt wurde (Abb. 74). Diese Spiele beleuchten einen zusätzlichen Aspekt im Leben der Stadtbewohner – die Freizeitgestaltung. Sie wurden in Wohnhäusern, auf öffentli-

Abb. 75 Zwei Ägypter spielen das Senet-Spiel. Relief aus dem Grab des Nfr-Srtnf. Saqqara, V. Dynastie

Abb. 74 Spielplatten

figuren, die er vom rechten unteren Feld bis zum Endpunkt im linken oberen Feld führte. Der Rhythmus der Spielschritte wurde durch vier Stäbchen festgelegt. Diese Stäbchen hatten eine farbige oder eine durch Ritzmuster bezeichnete Vorderseite und eine unverzierte Rückseite. Sie wurden in die Luft geworfen. Die Zahl der mit der dekorierten Seite nach oben liegenden Stäbchen, gab die Zahl der erlaubten Spielschritte an, die ein Teilnehmer mit seinen Figuren machen durfte (die Stäbchen ersetzten also den Würfel). Der Teilnehmer, der als erster alle seine Figuren vom Spielbrett räumte, gewann. Im Laufe der Jahre entwickelte sich das Senet-Spiel weiter; hinzukommende Zeichen und Zeichnungen, die auf den Feldern erschienen, verkomplizierten das Spiel und verliehen ihm sogar religiöse Bedeutung (36).

DAS HANDWERK

Manche Kunstfertigkeiten, wie die Töpferei, Schmuckverarbeitung, Siegelschneiderei, Statuettenbildhauerei und die Bearbeitung von Steingefäßen wurden in dieser Zeit zur Domäne gelernter Kunsthandwerker. Diese stellten zunächst einmal ihre Erzeugnisse für den Eigengebrauch der Bewohner ihres Dorfes und seiner Umgebung her und dann zum Verkauf auf den verschiedenen Märkten des Landes.

Die Töpferei

Gefäße für den täglichen Gebrauch wurden meist aus Ton hergestellt. Dutzende von Tongefäßen aller Art wurden darum in den Wohnhäusern wie auch in den öffentlichen Gebäuden gefunden. Die umfassende petrographische Untersuchung, die an den Tongefäßen von Arad durchgeführt wurde, stellte sich als Ziel, die Art der Rohstoffe, die zur Herstellung der Gefäße verwendete wurden zu ermitteln und zu klären, welcher Techniken sich die Töpfer von Arad bedienten. Untersucht wurde die Wahl der Tonsorten und deren Korngröße, die Bindemittel (gemahlener Ton oder zerstoßenes Gesteinsmaterial), die zur Festigung des Tons beigemischt wurden und die Art der Herstellung der Gefäße überhaupt. Die Resultate der petrographischen Untersuchung zeigen uns, daß in dieser Zeit ein reger Handel mit Tonwaren aus verschiedenen Gegenden des Landes stattfand. Zwar wurden bisher in Arad noch keine Töpfereien gefunden, aber in einigen Häusern fanden sich auch Töpferwerkzeuge, wie etwa Einzelteile von Töpferscheiben.

Die Tongefäße, die in Arad entdeckt wurden, waren meistens von Hand aufgebaut; nur wenige entstanden auf der Töpferscheibe. Die großen Gefäße wurden von Hand in „Streifentechnik" hergestellt: dabei wurden lange Tonstreifen vom Fuß des Gefäßes bis zum ringförmigen Hals aufeinandergesetzt; der Hals und die Lippe wurden separat hergestellt, oft sogar auf der Töpferscheibe, und dann an das Gefäß angesetzt. Ein Teil der kleineren Gefäße wurde schon vollständig auf der langsamen Töpferscheibe gedreht. Nachdem die Gefäße etwas getrocknet waren und der Ton „lederhart" war, wurden sie im Brennofen gebrannt. Der einzige Brennofen dieser Zeit, der im Lande entdeckt wurde, ist der Ofen von Tell el-Far'ah (N) (37); vermutlich gab es ähnliche Öfen auch in Arad, obwohl ein Teil der Gefäße noch mit Sicherheit im offenen Feuer gebrannt wurde. Bestimmte Sorten von Gefäßen erhielten eine Sonderbehandlung bevor sie gebrannt wurden, um ihnen zusätzliche Schönheit zu verleihen und ihre Undurchlässigkeit zu erhöhen. Sie wurden dann mit einem roten oder braunen Überzug versehen, der aus feinem Ton, Ockerpulver und Wasser zusammengesetzt war. Dieser Überzug wurde mit einem Pinsel aufgebracht oder durch Eintauchen des Gefäßes in den Schlicker erzielt. Nach dem Trocknen wurde das Gefäß mit einem Kiesel oder mit einer Tonscherbe poliert.

In der Grabung wurden Funde gemacht, die die Herstellungsmethoden von Tongefäßen veranschaulichen: Teile von Töpferscheiben, Ockerstückchen, Kiesel und polierte Tonscherben; die

Abb. 76 Keramikproduktion: Töpferscheibe, Wetzstein für Ocker, Ockerstücke, Glättknochen zur Bearbeitung der Gefäßoberfläche, Endprodukt

beiden letzten wurden zum Glätten der Gefäße verwendet (Abb. 76).

Von der Töpferscheibe blieb z.B. ein Stein erhalten, dessen eine Seite flach und die andere mit einer tiefen Mulde versehen ist. Vermutlich sollte die Töpferscheibe wie folgt rekonstruiert werden: auf ein kurzes Holzstück, das im Fußboden fest verankert war, wurde dieser Stein mit der flachen Seite nach oben aufgesetzt, auf die dann das Gefäß gestellt wurde. Vielleicht wurde die Steinscheibe vom Töpfergehilfen gedreht, während der Meister selbst das Gefäß formte (Abb. 77).

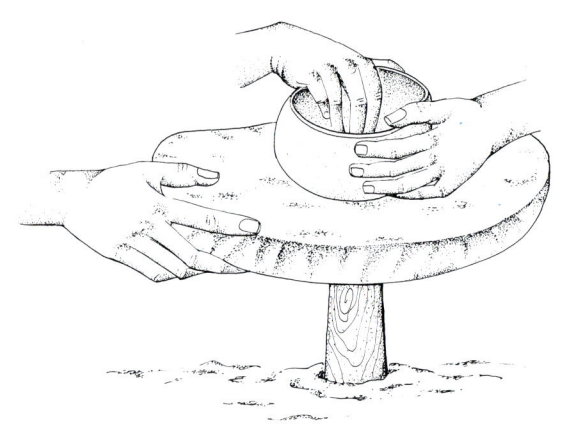

Abb. 77 Drehtechnik eines Töpfers: Der Töpfer formt das Gefäß, und der Geselle läßt das Töpferrad routieren

Das Aushauen und Abdrehen von Steingefäßen

Die Steinmetzarbeit an Steingefäßen ist eine harte Arbeit, die Geschick und viel Zeit verlangt. In einer großen Siedlung wie Arad war vermutlich die Nachfrage nach Steingefäßen, Mörsern und Reibsteinen groß, denn diese wurden in jedem Haushalt gebraucht. Öfters fand man in einem Haus sogar zwei Paar Reibsteine und zwei Mörser, einer fest im Fußboden verankert, der andere beweglich. Um die große Nachfrage befriedigen zu können, mußten gewiß eine Reihe von Steinmetzen wochenlang arbeiten. Bisher wurde eine solche Werkstatt mit Rohstoffen, Arbeitsgeräten und Produktionsabfällen nicht entdeckt.

Die Mörser wurden aus harten kristallinen Steinknollen hergestellt, die in der Gegend von Arad reichlich vorkommen und überall in Kreide-formationen zu finden sind. Der Steinmetz drehte erst das Innere des Mörsers aus, vermutlich mit Kupfermeißeln, dann polierte er es.

Viele Reibsteine wurden aus weitentfernten südlichen Gegenden nach Arad gebracht, aber es gab auch eine Sorte, die aus dem lokalen Phosphorit hergestellt wurde, der direkt aus Arad oder aus der näheren Umgebung stammte. Dort wurde der Stein erst aus der anstehenden Flintschicht gebrochen, dann behauen und geglättet.

Die Herstellung von Schmuck

Ein kleiner Krug, der im Bereich des Palastes in einem kleinen Lagerraum auftauchte, enthielt viele Assesoirs dieses Kunsthandwerks (Abb. 78). Das Krüglein, dessen Hals fehlte, diente als Aufbewahrungsbehälter für das Werkzeug, wie auch für fertige Erzeugnisse des Künstlers. Es befanden sich zum Beispiel darin Dutzende von Muscheln und Muschelperlen, vier Kupferahlen, eine aus Knochen hergestellte Nadel und eine Flintklinge.

Mit der Kupferahle bohrte der Handwerker Löcher in die Muscheln und sägte, vermutlich mit der Flintklinge, die Dentalia-Schneckengehäuse zu kleinen Perlen. Die Nadel in der Werkzeugsammlung deutet darauf hin, daß der Handwerker auch irgend etwas genäht hat. Vielleicht hat er die Perlen auf Kleidungsstücke genäht oder die Nadel diente schlicht zum Aufziehen der Perlen auf Ketten. Im Krug waren auch Fritte-Perlen. Die Frage, ob die Fritte-Perlen ausschließlich aus Ägypten stammen, oder ob es auch andere Zentren der Verarbeitung dieser Perlen im Altertum gab, kann

Abb. 78 Schmuckfund in einem Tongefäß: Geräte, Muscheln und Perlen

vorläufig von der Forschung nicht beantwortet werden (Abb. 79).

Die Bearbeitung von Stein

Die Kunst der Bildhauerei, die die Statuetten, Stelen und Siegel schuf, verlangte gewissenhafte Arbeit und Können (Abb. 80). Diese Kunstwerke fanden im religiösen Leben und im Verwaltungsbereich des Gemeindelebens Verwendung. Kundige Handwerker beherrschten nicht nur die Bearbeitungstechniken allein, sondern sie verstanden es, als autochthone Künstler in ihren Werken Werte zum Ausdruck zu bringen, die sie aus der

Abb. 79 Ein als Schmuckbehälter benutztes Tongefäß

Abb. 80 Steinstempel und Zylindersiegel

damaligen Bildhauerkunst des Alten Orients auf-
nahmen und vertieften. Die Siegel z.B. zeigen
deutlichen Einfluß der Kunststile, die einerseits
im Raum von Mesopotamien und Nordsyrien, andererseits in Ägypten zu Hause waren, wobei
schon die ägyptische Glyptik mesopotamische
Einflüsse in sich aufgenommen hatte (38)
(Abb. 81).

Der Kunsthandwerker wählte auch den weichen lokalen Kalkstein als Rohstoff seiner Kunst
und verwendete zur Bearbeitung Kupfermeißel
und Ahlen.

Abb. 81 Abrollung von Zylindersiegeln

KULT UND RELIGIÖSES LEBEN

Schon im Altertum nahmen die Religion und der Kult einen bedeutenden Platz im täglichen Leben ein und Arad stand darin nicht zurück. Personen, die eine religiöse Funktion ausübten, fanden sich im Mittelpunkt des Gemeindelebens. Von daher ist auch die oft beobachtete Tendenz der religiösen Hierarchie nach der Beherrschung der Quellen des Reichtums zu streben, zu verstehen, beziehungsweise die Verwaltung der Reichtümer und deren Verteilung in einem Stadtstaat in den Griff zu bekommen, alles Rechte, die nach damaliger Auffassung von den Göttern übertragen wurden. Aus diesem Grund bestand schon in frühgeschichtlichen Gesellschaften – wie auch in konservativen Gemeinschaften heutzutage – eine enge Bindung zwischen den Herrschern und den religiösen Institutionen, denn auch der Herrscher sucht die Legitimation für seine Handlungen bei den Göttern. Tatsächlich zeugen Funde aus dem Kultbereich, die in Arad entdeckt wurden, von einer engen Beziehung zwischen dem Verwaltungsapparat und den religiösen Institutionen einer Stadt. Zum Beispiel wurden der Palast und das Tempelareal nahe beieinander im Stadtzentrum angelegt und in beiden fand man die bedeutendsten Kultgegenstände von Arad.

Die größte Schwierigkeit bei der Erforschung eines alten Kultes bereitet die Entschlüsselung des Wesens dieser Religion: wie sah das Götter-Pantheon aus? Welchen Charakter hatte es? Welche Kultzeremonien wurden den Göttern gewidmet? Diese brennenden Fragen bleiben meist ohne Antwort oder werden nur teilweise beantwortet mangels schriftlicher Quellen, die Kult und Religion aus solchen Aspekten beleuchten könnten und die sich nicht in Tempelruinen und Kultgegenständen widerspiegeln. Im Lande Israel wurden bis Anfang des 2. Jahrtausends v.Chr., d.h. bis zur mittleren Bronzezeit, keine schriftlichen Zeugnisse entdeckt. Deswegen stützt sich die archäologische Forschung auf Untersuchungen der Tempelarchitektur und der Kultgegenstände, die sie dann mit Funden aus benachbarten Kulturen, wie Ägypten und Mesopotamien, vergleicht, deren Religionen und Kulte viel besser bekannt sind.

Der heilige Bezirk

Der Tempelbezirk ist hauptsächlich bekannt in der Epoche der Schicht II, aber die untersuchten Abschnitte der Schicht III sind weitläufig genug, um daraus entnehmen zu können, daß der eigentliche Plan dieses Bezirks bei der Gründung der Stadt bereits festgelegt wurde. Der heilige Bezirk, der sich in Schicht II über ca. 1000 qm erstreckte, enthielt damals eine Reihe von Tempeln. Die Konzentration dreier Tempel in einem Temenos ist aus anderen Orten der Frühbronzezeit im Land Israel unbekannt, jedoch ist dieses Phänomen uns aus Grabungen in Süd-Mesopotamien jedoch nicht fremd, wie z.B. in Uruk, wo die einzelnen Bezirke verschiedenen bekannten Gottheiten geweiht waren (39) (Abb. 82). Daher kann man auch hier annehmen, daß die einzelnen Tempel in Arad verschiedenen Gottheiten gedient haben.

Der große Doppeltempel: Mit dem Begriff „Doppeltempel" bezeichnet man zwei in ihren Aus-

Abb. 82 Der sakrale Bezirk: (1) Der Doppeltempel, (2) das Kult-becken, (3) der Palast, (4) der Hof, (5) der kleine Doppeltempel, (6) der aus einer Halle bestehende Tempel

Abb. 83 Die Steinstele aus dem großen Doppeltempel

maßen ähnliche Gebäude, die eine gemeinsame Mauer besitzen. Eine ähnliche Baueinheit eines Doppeltempels wurde in Megiddo in Schicht XIX (Frühbronzezeit I) und an anderen Orten im Ne-gev entdeckt (Diese datieren aus dem 4. und 3. Jahrtausend v.Chr.) (40). Noch konnte man die Bestimmung jeder Tempelcella der Doppeltempel nicht feststellen: Waren sie für unterschiedliche

Kulte bestimmt? Waren sie verschiedenen Göt-tern gewidmet, oder vielleicht einer Gottheit und ihrem Partner? Die nördliche Cella ist in 3 Abtei-lungen unterteilt; im kleinsten Bereich, neben dem Eingang, befand sich wahrscheinlich das Al-lerheiligste. In der südlichen Cella, in der auch eine Fülle von Gefäßen entdeckt wurde, fand man im Fußboden eingelassen eine behauene Steinplatte, die anscheinend als Kult-Stele oder Mazze-va diente (Abb. 83). Kult-Stelen werden relativ häufig in Tempeln und Tempelvorhöfen gefunden und ebenso auch auf freien Plätzen, wie in Gräbern und werden normalerweise als Symbole einer Gottheit verstanden. Vor jeder Tempelcella liegt ein Hof. Im Hof der nördlichen Cella wurden nebeneinander ein Altarpodium und ein Kultbecken entdeckt (Abb. 84). Kultbecken sind im Lande seit dem Chalkolithikum als Bestandteil von Tempelvorhöfen bekannt. Die in Mesopotamiens Tempeln gefundenen Becken waren wahrscheinlich für liturgische Waschungen der Priester und Priesterinnen, der Diener und Dienerinnen des Heiligtums bestimmt (41).

Rechts vor der südliche Cella stand ein Anbau, der typische Funde eines Wohnhauses enthielt.

Abb. 85 Das Gründungsdepot bei seiner Entdeckung

Abb. 84 Das Kultbecken und der Altar

Vielleicht diente er als Wohnraum der Diener des Heiligtums, oder es war vielleicht ein Raum, wo sich Kulthandlungen abspielten, die mit Nahrungszubereitung zusammenhingen. Ein großer Platz, der zwischen Tempel und Palast lag und der bis in den Bereich der Vorhöfe reichte, diente

Abb. 86 Das Gründungsdepot: Tongefäß, Bitumen (Asphalt) und Hammerstein

vermutlich als Versammlungsort bei religiösen Festen.

Der kleine Doppeltempel: Dies sind zwei kleine Tempel, die jeder einen Hof und einen Brandopferaltar hatten. In der südlichen Tempelcella wurde ein außerordentlicher Fund entdeckt: ein unter dem Fußboden liegendes Gründungsopfer (Abb. 85). Das Depot enthielt Tongefäße, Feuersteingeräte und Bitumenklumpen (Abb. 86). Derartige Gründungsopfer sind aus verschiedenen Orten im Lande und auch aus anderen Regionen des Alten Orients bekannt. Ihre Ablage unter dem Fußboden stellt eine kultische Handlung dar, die dem Tempel und der Gemeinde die Gunst der Gottheit versichern soll (42).

Der monumentale Tempel: Dieser Tempelkomplex besteht aus einem großen Tempel-Haus, einem separaten Nebengebäude und einem großen Vorhof mit Vorratsgebäude. Das große Tempelgebäude war für den Gottesdienst bestimmt, das Nebengebäude und die Schuppen im Hof dienten als Lagerräume; dort wurden alle Vorbereitungen getroffen, die mit dem Kult oder mit den täglichen Aufgaben der Diener des Heiligtums in Verbindung standen. In einer kleinen Hütte in der Nähe des Tempeleingangs stand ein großes Steinbecken, das vielleicht für Fuß- oder Handwaschungen vor dem Eintritt in den Tempel bestimmt war.

Kultgegenstände: Der bedeutendste Kultgegenstand in Arad und überhaupt einer der wichtigsten Funde dieser Epoche aus diesem Bereich, die im Lande entdeckt wurden, ist eine Kult-Stele, die im Zentralraum des Palastes entdeckt wurde (Abb. 87). Mehr als jedes andere Stück, das in Arad gefunden wurde, beleuchtet diese Stele das Wesen des Kultes, der in dieser Stadt getrieben wurde. Sie ist außerdem auch von einer großen Bedeutung für die Kunst dieser Epoche. Die Stele wurde zwar auf dem Fußboden gefunden, aber aus Ziegelresten an ihrem Rücken will man vermuten, daß sie ursprünglich an einer Wand oder Säule befestigt war. Die Stele wurde von einem einheimischen Künstler aus einer dreieckigen Kreideplatte geschaffen: die Seiten und der Rücken sind rauh belassen, die Front ist geglättet und

trägt eine linearische Darstellung. Auf diesem Bild sind zwei gleichartige menschliche Figuren dargestellt: eine liegt hingestreckt quer zum Bild in einem rahmenähnlichen Feld (vielleicht auf einer Liege oder Matte), die andere steht über oder hinter ihr. Die Hände beider Figuren sind nach oben gestreckt, die Finger gespreizt. Besonders interessant sind die Häupter. Es sind keine menschlichen Köpfe, sondern sie ähneln eher einem Zweig oder einer Ähre. Menschendarstellungen mit erhobenen Armen wurden in unserer Region schon in Bab edh-Dhra, oder im Gebiet des mesopotamisch- iranischen Kulturkreises in Tepe Gawra und in Neqada (43) in Ägypten gefunden. Jedoch ist die Szene auf der Kultstele von Arad weitaus eindringlicher, denn sie stellt zwei Figuren in verschiedenen Stellungen dar, die etwas aussagen wollen. Vielleicht könnte man sie als Gestalten von Gottheiten oder als Symbole des Wachstumszyklus der Natur interpretieren: die liegende Figur stellt das Welken und den Tod dar, die aufrechte Figur symbolisiert dagegen Wachstum und Leben. Das Motiv der regelmäßigen Wiederkehr in der Natur war sehr bedeutend in der Kultur des Alten Orients, wie z.B. die Figur der Gottheit Dumuzi-Tammuz (44).

Ein einzigartiges rätselhaftes Stück wurde neben dem Altar des großen Doppeltempels gefunden: Ein Steinpendant, auf dem ein Singvogel mit gegabeltem Schwanz zart und schwungvoll eingraviert wurde (Abb. 88). Obwohl der Vogel ziemlich naturalistisch ausgeführt ist, ist seine Gattung leider nicht weiter bestimmbar. Vogelbilder sind aus der Kunst des Chalkolithikums im

Abb. 87 Steinstele mit zwei anthropomorphen Figuren, gefunden im Palast

Abb. 88 Ein Steinanhänger mit der eingravierten Figur eines Vogels

Lande und aus den Kulturkreisen von Ägypten und Mesopotamien-Iran bekannt, aber dieser Vogel ist einzigartig in der Frühbronzezeit I und II hier im Lande. Deswegen ist es auch schwierig, eine ikonographische Interpretation der Figur des Vogels vorzuschlagen, obwohl das Pendant zu dem Inventar des Tempels gehört. Das Pendant wurde von einem lokalen Künstler angefertigt, vielleicht sogar von demselben Künstler, der die Kult-Stele im Palast schuf. Er hat auch dafür das in seiner Umgebung anstehende Kreidegestein verwendet. Das Stück konnte auf einer Basis aufgestellt, oder aber auch aufgehängt werden (denn es ist in seinem oberen Teil durchbohrt), aber seines Gewichts wegen ist es unwahrscheinlich, daß es irgendwie um den Hals gehängt getragen wurde; eher hing es an der Wand oder an einer Säule, oder vielleicht hing es von der Decke als Mobile. Möglicherweise ist es einfach eine Votivgabe.

Außergewöhnlich ist auch ein ziemlich großes Vorratsgefäß, das mit einem Schlangenrelief dekoriert ist (Abb. 89). Das Gefäß wurde in einem großen Raum in der Schicht II entdeckt; ungewiß ist, ob der Raum als Wohnstätte oder Kultraum diente. Die Schlange ist etwa 1.30 m lang und windet sich um das Gefäß herum, ihr Kopf ruht auf der Schulter des Topfes und ihr Schwanz nahe an dessen Boden. Der Schlangenkopf, seine dreieckige Form, das Maul und die Nüstern sind geradezu naturalistisch dargestellt, es fehlt aber jeder Hinweis auf Augen, und aus dem Maul züngeln drei Zungen heraus. Die Schuppen des Schlangenkörpers sind mit flüchtigen Strichen angedeutet. So weit man aus der künstlerischen Darstellung der

Abb. 89 Ein Vorratsgefäß, mit dem Relief einer Schlange verziert

Schlange entnehmen kann, wurde mit Vorbehalt vorgeschlagen, sie als eine ungiftige „Psammophis Schokari" zu identifizieren, eine Schlange, die in unserer Gegend verbreitet ist. Das Gefäß selbst stammt nicht aus Arad und wurde nach den petrographischen Ergebnissen weiter südlich hergestellt. Schlangenbilder auf Gefäßen und Siegeln sind im Lande bekannt. In Arad und in Tell-el-Far'ah (N) wurden Siegel mit sich windenden Schlangen gefunden. Die Schlange begleitet den Menschen seit Urzeiten durch alle Kulturen und erscheint als wichtiges Element in Mythologie, Kult und Magie. Meist schrieb man ihr schützende Eigenschaften zu und betrachtete sie als Symbol für Stärke und Fruchtbarkeit. Auch eine Zeremonial-Keule aus dem großen Doppeltempel (Abb. 90) gehört in den kultischen Zusammenhang.

Das Hausmodell, das in Zusammenhang mit der Beschreibung des Wohnhauses und seinem Plan geschildert wurde, ist vorläufig ein seltener Fund im Lande. Tonmodelle von Häusern und Tempeln, manchmal zusammen mit Menschen- und Tierfigürchen, wurden in verschiedenen Kulturen des Alten Orients gefunden. Wahrscheinlich tauchte unser Modell in einem Privathaus auf; daher nehmen wir an, daß einst Kultgegenstände in ihm aufbewahrt wurden, wie jene Tierfigürchen, die in vielen Häusern gefunden wurden. – Im Bereich des Palastes und der Wohnhäuser wurden eine Anzahl Tierstatuetten aus Ton und Stein entdeckt (Abb. 91). Figürchen von Kleinvieh und Rindern, die zu einem der wichtigsten Wirtschaftszweige der Bevölkerung der Stadt gehörten, nämlich der Landwirtschaft. An vielen Stellen in den verschiedenen Kulturen wurden in Wohnhäusern Figürchen gefunden, die Hinweise auf den täglichen Kult bieten, der von den Bewohnern in Privathäusern geübt wurde, denn diese bedurften des Segens der Gottheit für ihre Arbeit im Hause und für die Fruchtbarkeit der Herden und Felder.

Die eindrucksvollste Statuette wurde im Eingangsraum, der zum Hauptraum des Palastes führt, gefunden. Sie wurde in einem geometrischen Stil aus lokaler Kreide angefertigt: Der Körper ist eckig und blockförmig, die Beine sehen aus wie vier kurze Stümpfe, der Kopf wurde als ein

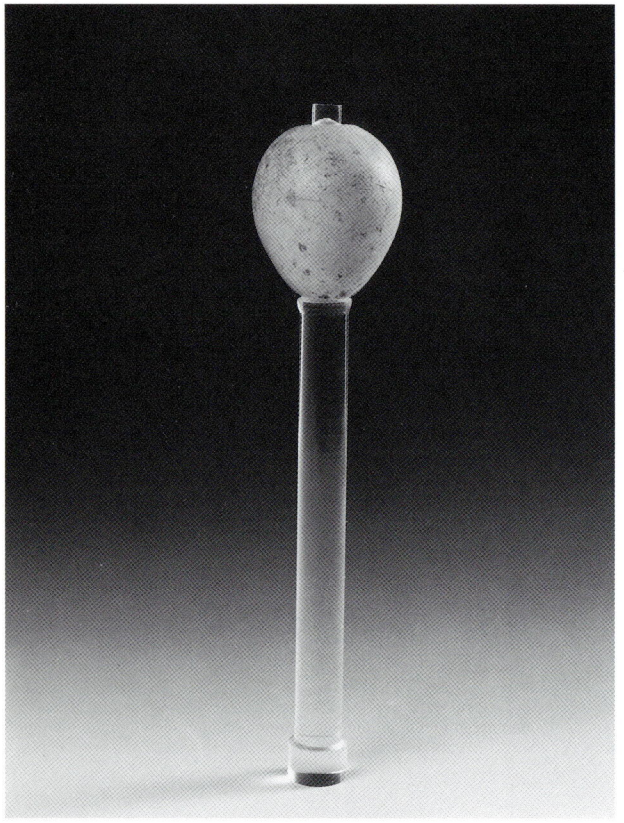

Abb. 90 Eine Zeremonial-Keule, gefunden im großen Doppeltempel

Abb. 91 Tierfiguren: Stier aus Stein, Kuh aus Stein, Schaf oder Ziege aus Stein, Schaf oder Ziege aus Ton

sehr kleines, halsloses Dreieck gestaltet, und der hintere Teil des Körpers ist mit einem kleinen Schwanz und mit einer Öffnung darunter versehen. Im unteren Teil des Körpers ragt ein männliches Geschlechtsteil hervor. Trotz dieser abstrakten kantigen Form kann man die Statuette als eine Stierfigur deuten. Der Stier, wie allgemein bekannt, erscheint in allen Kulturen des Alten Orients (Apis in Ägypten, der Stier des Himmelsgottes An in der sumerischen Mythologie u.s.w.). Es ist unbekannt, welche Bedeutung die Stierfigur von Arad hatte (45).

Die Fülle der Kultgegenstände beleuchtet das religiöse Leben der Bevölkerung von Arad. Im Vergleich mit den vielen Tierfiguren sind menschliche Figuren rar. Sie erscheinen auf zwei Fundstücken: auf der Kultstele – in dieser Szene stellen die Figuren wahrscheinlich Gottheiten dar – und auf einem der Siegel von Arad. Die Tiere, die als Statuetten, auf Siegeln, in Graffiti und als

Relief auf Tongefäßen dargestellt wurden, sind hauptsächlich Haustiere wie Kleinvieh und Rinder. Daneben wurden aber auch Wildtiere wie Steinböcke, Schlangen und Vögel dargestellt.

Aus der Analyse dieser Funde geht hervor, daß die Religion von den Kräften der Natur beeinflußt war. Die Fülle der Tierdarstellungen gibt wahrscheinlich Eigenschaften wieder, die den lokalen Gottheiten zugeschrieben wurden. Zwar überwiegt das Mystische in der Enträtselung des religiösen Lebens in Arad und in anderen Städten Kanaans, doch aus verschiedenen Hinweisen wird eine Kontinuität des Kultwesens von dem Chalkolithikum bis zur frühen Bronzezeit sichtbar (46). Wir wissen nicht, inwiefern die Religion der Landesbevölkerung in dieser Zeit den Religionen anderer Völker im Alten Orient ähnelte, man kann aber annehmen, daß sie ständig Einflüsse der Völker, mit denen die Bevölkerung von Arad in Handelsbeziehungen stand, in sich aufnahm.

ARAD – EINE METROPOLE DES NEGEV

In der Frühbronzezeit II befand sich der Urbanisierungsprozeß im Lande auf seinem Höhepunkt. Überall schossen innerhalb kürzester Zeit Städte aus dem Boden. Das politische Bild des Landes zeigt uns Stadtstaaten, die nicht nur feindlich zueinander standen, wie wir aus den mächtigen Befestigungen schließen könnten, sondern auch offensichtlich kulturelle und wirtschaftliche Verbindungen zueinander pflegten.

Umfangreiche und gründliche Untersuchungen, die seit den fünfziger Jahren und besonders in den zwei letzten Jahrzehnten in weitläufigen Gebieten des Negev durchgeführt wurden, ergaben, daß in diesem Raum – außer in Arad – keine Reste einer weiteren städtischen Ansiedlung zu finden sind (47). Im Negev existierten damals sonst nur kleine Ortschaften, teils mit einer bäuerlichen, teils mit einer halbnomadischen Bevölkerung. Vermutlich lebten in der Region auch Nomadenstämme, die aber keine Spuren ihres Lebens hinterließen. Historische Zeugnisse und ethnographische Beobachtungen, die in unserer Region durchgeführt wurden, ergaben, daß ländliche Bevölkerungsgruppen und Nomadenstämme, die am Rande einer städtischen Gesellschaft existieren, mit dieser immer in einer Art wirtschaftlicher Symbiose leben: Auf dem Markt des städtischen Zentrums tauschen sie ihre Erzeugnisse gegen Ware aus anderen Gegenden, wobei das städtische Zentrum vom wirtschaftlichen Hinterland der kleinen dörflichen Ortschaften und dem Tauschhandel der Nomaden erheblich profitiert.

Das bäuerliche Hinterland von Arad

In der Aradebene wurden Reste von vielen Dörfern aus der Frühbronzezeit entdeckt (48). Aber nur eine zukünftige Grabung an diesen Stellen kann ihre Geschichte mit einiger Gewißheit festlegen. Bisher wurde nur eine umfassende Grabung an einem einzigen Ort in der Ebene unternommen, nämlich am kleinen Tel Malhata, wo Reste einer dörflichen Besiedlung aus dem Chalkolithikum, der Frühbronzezeit I und der Frühbronzezeit II (und MB IIa) festgestellt wurden (49).

Vielfältige Funde bestärken uns in der Schlußfolgerung, daß Arad ein echter Umschlagplatz, ja ein Handelszentrum war, das mit dem Siedlungsnetz im Negev und im Sinai, wie auch mit den städtischen und bäuerlichen Siedlungen anderer Landesregionen durch Handelswege und Verträge verbunden war. Gerade die Fülle von Siegeln, die im Palast, im Tempel und in der Umgebung beider Gebäude auftauchten, d.h. eben in öffentlichen Bereichen der Stadt, verdeutlicht einwandfrei die Bedeutung der Stadt als Zentrum mit weitreichender Autorität und Machtbefugnis. Denn das Siegel, soll auch z. B. auf Gaben angebracht werden, mit denen mündliche Verträge des Stadtstaates abgesiegelt wurden oder Transaktionen des Kaufmanns als Ausweis in die Hand des Boten (oder Spediteurs) legen und aussagen: „diese Ware gehört mir, mein Bote verkauft sie dir legal!"

In diesem Zusammenhang ist die Tatsache interessant, daß bis jetzt in keinem der dörflichen

Abb. 92 Der Palast in Schicht II

Äußerer Bezirk

Innerer Bezirk

Hof

Verwaltungsinstitutionen

Ein Teil der großen Gebäudekomplexe, die in der Stadt entdeckt wurden, diente vermutlich den verschiedenen Regierungs- bzw. Verwaltungsfunktionen (Abb. 92). Man erinnere sich an das Weiler des Negev und des Sinai ein Siegel gefunden wurde.

Haus des Verwalters der Wasserversorgung, dessen Haus direkt am städtischen Reservoir lag. Der für damalige Verhältnisse riesige Komplex, der von uns „Palast" genannt wird, falls diese Bezeichnung auch seine richtige Funktion trifft, diente gewiß nicht nur als Residenz des Herrschers, sondern auch als Regierungsgebäude und zugleich Stadtverwaltung und war außerdem Stände- und Stämmeparlament in irgendeiner

Abb. 93 Der zentrale Raum im Innersten des Palastes

Form, das auch die Bevölkerung der Peripherie mit einschloß. Diese Bezeichnung wurde von uns dem Komplex gegeben, weil er eine ungewöhnlich weiträumige Fläche bedeckt – etwa 1000 qm – und weil er so großzügig angelegt ist. Im Vergleich dazu nimmt eine große Wohneinheit in Arad sonst nur einen Bereich von 150 qm ein. Der Grundriß des Palastes hat einen deutlichen Kern, der von zwei Ringen umgeben ist, wobei der eigentliche Kernbau durch einen großen Raum, mit Eingangsraum und Hof, dargestellt wird (Abb. 93). Er befindet sich genau im Zentrum des ganzen Komplexes. In diesem großen Raum wurden die wichtigsten Funde von Arad gemacht, wie die Stele und das bereits erwähnte Stierfigürchen. Der Durchgang von den anderen Teilen des Palastes zum Kern war keineswegs frei, denn im Eingang zum Zentrum waren Türen angebracht, die diesen Bereich unzugänglich machen konnten. Der innere Ring bestand aus Höfen, Wirtschaftsgebäuden und Lagerräumen in denen auch Lebensmittel für die Hofhaltung gelagert wurden. Dort lag auch die Großküche für den Haushalt des Herrschers. Die vier Quadratmeter bedeckende Feuerstelle dort ist beachtlich! Im äußeren Ring befanden sich ein weiterer Wohnkomplex und zusätzliche Wirtschaftsanlagen.

In den Räumen des Palastes selbst wurde sehr viel Geschirr gefunden. Auch die Lagerhaltung zeugt vom großen Reichtum dieser Institution. Andererseits könnte auch hinter all dem Aufwand eine städtische Lebensmittellagerung für die ganze Gemeinde stehen, die für trockene Jahre, d.h. Hungerjahre, Vorsorge traf. Vielleicht waren hier auch im Zusammenhang mit dem Markt am Westtor die Stapelhäuser und Magazine der Stadt und zugleich der Beherbergungsbetrieb, der mit der Bewirtung von fremden, einflußreichen Kaufleuten auf der Durchreise beauftragt war.

NACHWORT

Etwa 1000 Jahre hindurch, das heißt vom Chalkolithikum, um 3500 v.Chr., bis zum Ende der Frühbronzezeit II, um 2650 v.Chr., existierte auf dem Tel Arad eine dörfliche oder städtische Besiedlung. In dieser langen Zeitspanne fanden im Land Israel umwälzende Entwicklungen statt, die tiefgreifende gesellschaftliche und kulturelle Wandlungen nach sich zogen. Diese spiegeln sich auch im Leben von Arad wieder.

Der entscheidende Prozeß, der unter dem Einfluß der Ereignisse im ganzen Alten Orient auch bei uns im Lande stattfand, war die Entstehung der ersten Städte. Viele dieser Städte, von Mesopotamien angefangen, über Syrien, das Land Israel und bis nach Ägypten wurden in unmittelbarer Nähe von Flußläufen oder Quellen gegründet. Arad demgegenüber entstand in einem klimatischen Randgebiet, das keine echten Wasserquellen besaß, die das ganze Jahr hindurch Wasser führten. Zwar nehmen wir an, daß die Niederschlagsmenge damals höher lag als heute; trotzdem waren die Bedingungen in dieser Gegend nie optimal für die Landwirtschaft. Klimaschwankungen störten andauernd das empfindliche Gleichgewicht des ökologischen Systems und übten eine ständige Bedrohung auf das Wohl der Niederlassung aus. Der ausschlaggebende Grund für die Entstehung der Stadt in dieser Gegend, trotz schwieriger ökologischer Bedingungen, war ihre topographische Lage an der Kreuzung von Handelswegen: Sie diente als „Tor", als Durchgangsort und Bindeglied zwischen dem Süden, d.h. dem Negev wie dem Sinai und dem Norden und Westen von Kanaan. Auf Grund ihrer Stellung im überregionalen Handel entwickelte sich Arad zu einem wichtigen städtischen Zentrum mit einer vielschichtigen, sozial und beruflich gegliederten Bevölkerung, die ein reges Wirtschafts- und Gemeindeleben hatte. Diese Stadt hatte eine Lebensdauer von ungefähr 350 Jahren (Schicht III-II). Um die Jahre 2700-2600 v.Chr. kamen im ganzen Alten Orient Ereignisse zum Tragen, die vielleicht das Ende der Frühbronzezeit II und den Anfang der Frühbronzezeit III im Land Israel beeinflußten: In Ägypten entstand das erste mächtige Pharaonenreich (Frühdynastische Periode) und in Mesopotamien begann die Frühdynastische Periode III (50). In dieser Zeit entfalteten sich sogleich starke Handelsbeziehungen zwischen dem frühen ägyptischen Pharaonenreich und den Ländern des Nordens, besonders mit der libanesischen Küste und mit Byblos, das als Tor der Städte des Binnenlandes, z.B. für Ebla, diente. Die Verbindungen Ägyptens zum Land Israel kamen damals vermutlich völlig zum Erliegen, denn das Land verlor seine Anziehungskraft für Ägypten. Die Ägypter konnten jetzt die Dinge, die sie importieren mußten, wie Holz und Öl, in besserer Qualität und größerer Quantität in Gebieten nördlich von Israel erhalten, und das auf dem Seeweg, der um vieles sicherer war und den Handel in jener Epoche förderte (51).

Das Land Israel wurde während dieses Zeitraums auch von den Ausläufern einer Völkerwanderung berührt, die aus der transkaukasischen Region in die Türkei und in die Levante vorstieß. Gruppen dieser Einwanderer siedelten hauptsächlich im Norden des Landes Israel und brachten eine total fremde Kultur mit sich (52). Der fremdartige Charakter dieser Kultur äußerte sich vor allem im Stil der Keramik für den täglichen Gebrauch und für den Kult (Beth Yerach- oder Chirbet Kerak Ware), der sich in Form und Dekor von der lokalen Keramik völlig unterschied. Diese Keramik veranschaulicht sehr lebendig das Phänomen einer Bevölkerung, die ihre keramische Tradition aus ihrer alten Heimat in ihren neuen Lebensbereich mitbrachte. Diese Schlußfolgerung wird auch durch petrographische Untersuchungen unterstützt, die zeigen, daß der verwendete Ton aus lokalen Quellen stammte. Bisher konnte man nicht feststellen, wie weit der Einfluß dieser Einwanderer auf südlichere Landstriche, die Gegend von Arad einbezogen, reichte. Der archäologische Befund zeigt, daß diese Bevölkerung im Laufe der Frühbronzezeit III im Norden des Landes in der ortsansässigen Kultur aufging.

Der Untergang von Arad

Sicher eines der schwierigsten Probleme der archäologischen Forschung ist die richtige Deutung der Gründe, die zur Zerstörung einer alten Niederlassung führten. Auf Grund von Angaben, die uns zugänglich sind, neigen wir dazu, zwei Ursachen vorzuschlagen, die für die Zerstörung und für die endgültige Aufgabe von Arad entscheidend waren (Schicht II). Erstens, die allmähliche Zunahme der Trockenheit in diesem Landstrich und zweitens ein Besitzwechsel bei den Kupferminen in Sinai, und vielleicht auch in Fenan, durch die Ankunft neuer Bevölkerungselemente.

Diese ökologischen und wirtschaftlichen Faktoren übten einen immer stärker werdenden Druck auf die Bewohner der Stadt und auf die Bevölkerung der Umgebung aus. Womöglich führten diese Entwicklungen sogar zu gewalttätigen Auseinandersetzungen, d.h. zu Aufständen und Kriegen.

Die Krise, ausgelöst durch zunehmende Trockenheit: Aus Untersuchungen, die in verschiedenen Gegenden der Levante durchgeführt wurden, geht hervor, daß um die Mitte des 3. Jahrtausends v.Chr. im ganzen Alten Orient ein Klimawechsel stattfand, der zu größerer Trockenheit in der ganzen Region führte (53). Dieser Vorgang hatte einen entscheidenden Einfluß auch auf das gesamte Siedlungssystem, hauptsächlich in den Randbereichen des Kulturlandes, wo die Wüsten auf dem Vormarsch waren. In dieser Zeit nahm auch der Kampf um das Weideland zu: Nomaden überfielen die ständigen Ansiedlungen, um dort die Lebensmittelspeicher zu plündern, und Kriege flammten zwischen den Städten auf, die versuchten, ihren Lebensraum und ihre Rohstoffquellen zu sichern. Möglicherweise geschah das auch in Arad, das auf der Grenze zwischen Wüste und Kulturland lag. Mit der Trockenheit verkümmerte der landwirtschaftliche Erwerbszweig der Stadt, ihr wirtschaftliches Hinterland, die Negev-Siedlungen, mußten aufgegeben werden und so blieb die Stadt schutzlos den Angriffen der Wüstenbewohner, auf ihrer Suche nach Nahrung und Weideland umherstreifend, ausgesetzt.

Die Ägypter bemächtigen sich der Kupferminen: Zu Beginn des Früh-Dynastischen Reiches, um das Jahr 2670 v. Chr., begannen die Ägypter ein umfangreiches staatlich vorangetriebenes Bergwerksunternehmen im Westen des Sinai. Die ägyptischen Expeditionen hinterließen monumentale Felsinschriften, aus denen man erfährt, daß ihr Ziel vor allem die Gewinnung von Türkis und vielleicht auch von Kupfer war, Rohstoffe, die in jener Gegend reichlich vorhanden sind. Die Machtübernahme auf der Halbinsel durch die Ägypter brachte einen der wichtigsten wirtschaftlichen Zweige der Stadt Arad zum Zusammenbruch, den Handel mit Kupfer- und Kupferfertigwaren (54).

Vermutlich gleichzeitig mit dem Machtwechsel im Südwesten der Halbinsel Sinai begannen die Städte östlich des Toten Meeres, in Bab edh-Dhra, Numeira und Khanazir, die Kupferminen in dem nicht weit entfernten Fenan intensiver auszubeuten. Möglicherweise erreichte das Kupfer aus dieser Region viele Märkte, darunter auch solche, die früher ihre Erzeugnisse aus Arad bezogen (55).

Nach der endgültigen Zerstörung der Stadt (Schicht II) blieb am Ort, anscheinend nur für kurze Zeit, eine Handvoll Menschen zurück, „Der Rest der Entronnenen" Ezra 9,8, die sich da, wo die Stadtmauer der Zerstörung stand gehalten hatte, kleine Notunterkünfte bauten (Schicht I). Die kleine Siedlung, die keine großartigen Gebäudeanlagen und keine städtische Verwaltung mehr besaß, bildete sich in der Tat zu einer dörflichen Lebensgemeinschaft zurück. Als dann die wenigen Bewohner den Ort aufgaben, wurde er damit endgültig verlassen.

Erst 1500 Jahre später, im 11. Jahrhundert v.Chr., entstand in seiner nordwestlichen Ecke

Abb. 94 Der israelitische und herodianische Brunnen

wieder eine kleine israelitische Siedlung, die sich im 10. Jahrhundert, wahrscheinlich z.Z. der bekannten Könige David und Salomo, zu einer Festung entwickelte. Im Laufe des 8. oder 7. Jahrhunderts v.Chr. wurde für diese israelitische Festung im Bereich des alten Wasserreservoirs der kanaanäischen Stadt ein tiefer Brunnen von beachtlichen Ausmaßen angelegt.

In herodianischer Zeit, d.h. im 1.Jahrhundert v.Chr., erhob sich eine neue Festung auf den Ruinen der israelitischen. Ihre Besatzung setzte den Brunnen wieder instand und errichtete um ihn herum einen Kreis von Viehtränken und Zisternen sowie mehrere Gebäude, die vielleicht Unterkünfte irgendwelcher Art waren (Abb. 94). Die Siedlung auf dem „Tel der Festungen" bestand ohne Unterbrechung fast bis zur frühen arabischen Zeit des 7.Jahrhunderts n.Chr., um dann wiederum für die lange Zeit von 1200 Jahren verlassen zu werden (Abb. 95).

1921 siedelte sich am Ort eine kleine Gruppe von Veteranen der jüdischen Regimente aus dem ersten Weltkrieg an, um dort eine landwirtschaftliche Siedlung zu gründen. Die Bohrversuche nach Wasser scheiterten und veranlaßten die Pioniere schon 1922 den Ort wieder aufzugeben.

1962 entstand dann an ganz anderer Stelle die neue Stadt Arad. Gleichzeitig wurde das Grabungsprojekt am antiken Tel ins Leben gerufen. Seitdem begleitet die Einwohnerschaft des Neuen

Abb. 95 Die unten in den Fels gehauene Partie des Brunnens

Arad und seine Stadtverwaltung den Fortschritt der Grabungen am Ort mit großem Interesse. Ihre unermüdliche Unterstützung trägt zum Gelingen des inzwischen 30 Jahre alten Projekts bei, das gleichzeitig das kulturelle Leben der Stadt immer bereichert hat.

Anmerkungen

1 Rosen 1989:254; Amiran 1991; Flohn 1991.
2 Aharoni 1981:9.
3 Levy 1986; Gilead 1988.
4 Bar-Adon 1980.
5 Amiran et al. 1978:4-9.
6 Obwohl Bronze nicht vor dem Ende des 3. Jahrtausends v. Chr. in unsere Region eingeführt wurde, ist der Terminus „Bronzezeit", der von der europäischen Archäologie übernommen wurde, auch in der lokalen Terminologie üblich. Der Begriff „Kanaan" wird allgemein angewandt, um diese Region vor der Landnahme der israelitischen Stämme in der zweiten Hälfte des 2. Jahrtausends zu bezeichnen. Dieser Begriff wird für das 4. and 3. Jahrtausend v. Chr. gewählt in der Annahme, daß die gleiche Bevölkerung (Westsemiten) während dieser drei Jahrtausende das Land bewohnte.
7 Zohary and Hopf 1988:128.
8 Amiran 1986b:8.
9 Gophna 1987; Ben-Tor 1991; Van Den Brink 1991.
10 Amiran et al. 1986:13.
11 Smith 1990:90.
12 Lernau 1978:88, table 2.
13 Ilan and Sebbane 1989:153.
14 Petrie and Quibell 1896: Pl.XXXI:2b; Kroeper and Wildung 1985: Abb. 206-208; Porat 1989a:4, fig. 1.3.
15 Amiran 1974a; 1976.
16 Nissenbaum et al. 1984.
17 In Schicht III gab es im Bereich der Stadtmauer nur halbrunde Türme. Erst in Schicht II wurden zwei von ihnen durch rechteckige Türme ersetzt.
18 Marfoe 1980:320.
19 Hopf 1978.
20 Sebbane in: Amiran, Ilan and Sebbane (im Druck)
21 Quibell 1898: Pl. VI:2.
22 Lernau 1978; Horwitz and Tchernov 1989: fig.2
23 Davis 1976:158-162.
24 Porat 1989b:175-177.
25 Amiran, Beit-Arieh and Glass 1973; Beit-Arieh 1983.
26 Amiran, Beit-Arieh and Glass 1973:195; Porat 1989b:172-174.
27 Mienis in: Amiran, Ilan and Sebbane (im Druck).
28 Amiran 1974b.
29 Katz and Voigt 1986:32.
30 Horwitz and Tchernov 1989:285.
31 McConaughy 1979:68.
32 Sebbane in: Amiran, Ilan and Sebbane (im Druck).
33 Ilan and Sebbane in: Amiran, Ilan and Sebbane (im Druck).
34 Sebbane in: Amiran, Ilan and Sebbane (im Druck).
35 Schick 1978:62-63; Schick in: Amiran, Ilan and Sebbane (im Druck).
36 Sebbane 1990:233-235
37 de Vaux 1955: Pl. IX:a,b.
38 Beck 1984:112.
39 Lloyd 1984:49.
40 Loud 1948:61-63, fig. 390; Avner 1984:120.
41 Delougaz and Lloyd 1942:45.
42 Ellis 1968:142.
43 Amiran 1972.
44 Jacobsen 73-103.
45 Amiran 1980.
46 Amiran 1981:51.
47 Cohen 1986:215.
48 Amiran et al. 1980.
49 Amiran, Ilan and Arnon 1983.
50 Porada 1965:178-179; Hallo in: Hallo and Simpson 1971:46; Malek 1986:11.
51 Marfoe 1987:27; Ben-Tor 1991:5.
52 Esse 1991:171.
53 Siehe Anmerkung 1
54 Kempinski 1983:239; Amiran 1986a:76.
55 Rast and Schaub 1979:1-5.

Arad im Feldzug Scheschonqs I.

„Aber im 5. Jahr des Königs Rehabeam zog Schischak, der König von Ägypten, hinauf gegen Jerusalem" (1. Kg. 14, 25); „mit 1200 Wagen und mit 60 000 Reitern und unzähligem Fußvolk, das mit ihm aus Ägypten kam: Libyer, Oasenbewohner (Sukkijjim = äg. tktn[1]) und Kuschiten; er nahm die festen Städte ein, die in Juda waren, und kam bis Jerusalem" (2. Chr. 12,³/₄). Diesen im Alten Testament überlieferten Feldzug des ägyptischen Pharao Scheschonq I. hat dieser Herrscher selbst am sog. „Bubastidentor" (Abb. 96) im Großen Tempel des Amun von Karnak, das aus dem ersten Vorhof zwischen dem Tempel Ramses' III. und dem 2. Pylon nach Süden führt, verewigen lassen[2]. Der König, dessen Figur einst mit Stuck überzogen und mit Blattgold belegt war (weshalb sie jetzt nur noch undeutlich erkennbar ist) erschlägt in einer uralten, traditionsgeheiligten Pose die Feinde vor den Gottheiten Amun und dem

Abb. 97 Die Städteliste am Bubastidentor (Zustand nach der Restaurierung, 1991)

„Siegreichen Theben", die beide an Stricken die Namensringe aller jener Ortschaften halten, die der König bei seinem Feldzug betreten hat (Abb. 97). Aus dieser Aufzählung ist es möglich, den Verlauf des Feldzuges zu verfolgen.

Zunächst hat man aber die Frage aufgeworfen, wann dieser Zug stattgefunden hat. Da die Anlage des Bubastidentores nicht vollendet worden ist, nimmt man allgemein an, daß der Feldzug am Ende der Regierungszeit Scheschonqs I. durchgeführt worden ist. Im 10. Monat des 21. Regierungsjahres wurden in den Steinbrüchen von Gebelein Steine gebrochen[3]; andererseits gibt ihm Manetho 21 volle Regierungsjahre[4]. Sofern die Sandsteinblöcke aus Gebelein für das Bubastidentor gedacht waren, ist verständlich, daß die Bauarbeiten durch den Tod des Königs unterbrochen und nicht wieder aufgenommen wurden. Es liegt

Abb. 96 Das Bubastidentor im Großen Tempel des Amun in Karnak

damit nahe, den Feldzug mit Kitchen[5] in das 20. Jahr Scheschonqs I. anzusetzen und damit in den Frühling des Jahres 925 v. Chr.

Eine sichere Darstellung des Verlaufs des Feldzuges ist nicht möglich; einmal sind zahlreiche Namen der Liste entweder zerstört oder nicht identifizierbar, andererseits ist die Abfolge innerhalb der einzelnen Zeilen unklar, wenn man sich auch jetzt darauf geeinigt hat, sie Boustrophedon zu lesen. Endlich muß auch gefragt werden, ob ein geschlossener Vorstoß registriert wurde oder ob nicht auch ausgesandte „Sonderkommandos" mit aufgenommen worden sind. Daher unterscheiden sich die verschiedenen Rekonstruktionen stark[6]. Übereinstimmend lassen aber alle diese Ansätze erkennen, daß der Zug unmittelbar westlich Jerusalem vorbeigeht, wodurch die im AT erwähnte Tributleistung Rehabeams erklärlich wird, daß aber die eigentlichen Kampfhandlungen nicht in Juda, sondern in Israel stattfinden: es werden u. a. Penuel, Rehob, Beisan, Schunem, Taanach, Megiddo, Aruna genannt. Scheschonq hat also anscheinend auf der Seite Rehabeams (Juda) in die Auseinandersetzungen mit Jerobeam (Israel) eingegriffen, obwohl er Jerobeam Asyl gewährt hatte, als dieser vor Salomo fliehen mußte (1. Kg. 11, 40). Der Grund dürfte gewesen sein, daß es im ägyptischen Interesse gelegen haben muß, eine Wiedervereinigung von Israel aus zu verhindern, hingegen einen von Ägypten abhängigen Kleinstaat an seiner Nordostgrenze zu etablieren, der ihm gleichzeitig besseren Zugriff auf den Ost-West-Handel gewährleistete[7].

Jede Einflußnahme in Palästina und darüber hinaus hing aber davon ab, daß die Beduinenstämme Südpalästinas nicht den Verkehr auf der Küstenstraße zwischen Ägypten und Raphia unterbrachen. Immer wieder sprechen die Quellen zu allen Zeiten von Kämpfen der Ägypter gegen die sog. „Schasu", eben diese Beduinen[8]. Daraus erklärt sich auch, daß Scheschonq auf dem Rückweg entweder mit seinem ganzen Heer oder nur durch ein Kommando die Negev-Wüste durchzog, was in der $^6/_8$-Zeile der Ortsnamensliste Niederschlag gefunden hat. Man findet dort „feste Lager" (haqru) genannt, die mit auch aus dem AT bekannten Stammesnamen verbunden sind: Nr. 92/3 das Lager der Familie Schuhah (1. Chr. 4, 11) oder der Familie Ben-Hanan (Nr. 94/5; 1. Chr. 4, 20), die im AT mit der Familie Tolon zusammen genannt wird, die ihrerseits in unserer Liste als Nr. 101/2 erscheint. Als Nr. 107–112 registriert nun unsere Liste zwei Orte, die in Umschrift unter Berücksichtigung der sog. „syllabischen" Schreibweise[9] heißen: há-q-rú-m ᶜá-rú-dê rú-bí-ta₂ ᶜá-rú-dê n bí-tì ju-ra-hà-m. Die allgemein akzeptierte Übersetzung ist: „Das befestigte Lager von Groß-Arad sowie Arad des Hauses Juraham" (Abb. 98). Dazu ist folgendes zu bemerken: Die Endung -ê an dem Ortsnamen ist auch sonst sehr häufig in diesem Text anzutreffen; Herkunft und Bedeutung sind unbekannt. Schwieriger ist jedoch die Vokalisation ᶜarud mit „u" (bzw. „o") sowohl im Ortsnamen selbst wie auch in dem angeblichen rubita „groß" (fem.). Gewöhnlich hilft man sich damit, daß man die Vokalangaben vernachlässigt unter der Annahme, unter Scheschonq hätte man es mit der Orthographie nicht mehr so

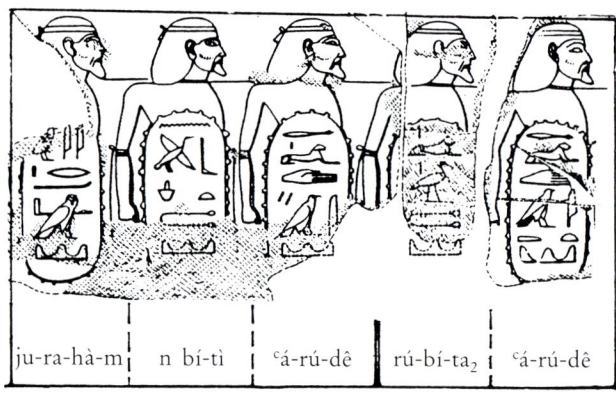

| ju-ra-hà-m | n bí-tì | ᶜá-rú-dê | rú-bí-ta₂ | ᶜá-rú-dê |

Abb. 98 Arad in der Städteliste Scheschonqs am Bubastidentor

Scheschonq-Liste anstelle der im AT überlieferten Form des Ortsnamens ᶜᵃrād (עֲרָד) eine lokale Dialektform ᶜārōd benutzt worden ist.

Auch die Deutung von rú-bí-ta₂ als „groß" (fem.) macht Schwierigkeiten, da ein rabita (vgl. akk. rabitu) erwartet wird. Außerdem findet sich in unserem Text als Nr. 13 ein Ort rú-bí-tá, den man mit Rubutu bei Gezer gleichsetzt, das in den Amarnabriefen EA 289, 13 und 290, 11 erwähnt wird, d. h. man betont Rúbutu, wodurch sich die ägyptische Schreibung rú-b̌-tá erklärt, da das Zeichen bí auch für b̌ benutzt wird. Entweder kann man daher einen Doppelnamen ᶜArod- Rubutu annehmen[10] oder wir folgen A. Negev[11] und fassen den Namen als „ᶜArod der Fürstin" (vgl. akk. rubutu) d. h. einer Göttin, auf.

Das zweite ᶜArud ist als das des Hauses des Juraham bezeichnet, wobei bemerkenswert ist, daß die Genetiv-Verbindung durch das ägyptische „n" ausgedrückt wird. Der Name dieses Clans wird in unserem Text noch einmal in Nr. 139 als ju-r-ha-m erwähnt. Es dürfte sich um den im AT als Jeroham vokalisierten Namen handeln, der 1. Chr. 6, 12 erscheint. Weniger wahrscheinlich erscheint mir die auch vorgenommene Identifizierung[12] mit dem Stamm Jerahmeel (1. Chr., 2, 9; 1. Sam. 27, 10) auf dem nördlichen Sinai oder dem kalebitischen Stamm Raham (Mazar).

Die Anlage „Arad der göttlichen Fürstin" lag auf dem alten frühbronzezeitlichen Tell, auf dem dann im 11. Jh. v. Chr. ein Tempel errichtet wurde, der vielleicht der „Fürstin" geweiht war; ihn ersetzte dann Salomo durch seine Tempelanlage. Es ist dies der jetzige Tell Arad. Das Arad des

genau genommen – wenn man nicht überhaupt der „syllabischen" Schrift jegliche Vokalangabe abspricht. Dem steht gegenüber, daß dort, wo man in unserem Text die Lesung von „rú" („liegender Löwe") nachprüfen kann, diese Lesung vertretbar ist, also kein klarer Fall erkennbar wird, in dem eine Lesung „ru" unmöglich erscheint.

Bei der Deutung der Schreibung ᶜá-rú-t () hingegen muß man wohl davon ausgehen, daß ᶜᵃrád (עֲרָד) den „Wildesel" bezeichnet, weshalb auch daran gedacht worden ist, die Ortschaft eigentlich als bēt ᶜᵃrád „Haus des Wildesels" anzusetzen. Nun gibt es aber eine wohl dialektische Variante für dieses Wort: ᶜārōd (עָרוֹד), belegt Hiob 39, 5. Da in der syllabischen Schreibung „u" auch für „o" benutzt werden muß, ist die Entsprechung eindeutig. Ich möchte also annehmen, daß in der

Hauses des Jurham hingegen kann der 12 km SW von Tell Arad gelegene Tell Milh bzw. Malhata gewesen sein, auf dem Befestigungen der Hyksoszeit entdeckt wurden und den Eusebius als Malaatha erwähnt.

Wolfgang Helck

Anmerkungen

1 Vgl. LÄ IV 132.
2 Grundlegende Publikationen: Oriental Institute Publications LXXIV: Reliefs and Inscriptions at Karnak III: The Bubastite Portal, 1954. Vgl. zu Einzelheiten Porter-Moss, Topographical Bibliography II, 35 (124).
3 Caminos, JEA 38, 1952, 45–61.
4 Hornung, Untersuchungen zur Chronologie und Geschichte des Neuen Reiches, ÄA 11, 1964, 24 Anm. 1.
5 Kitchen, Third Intermediate Period, 1973, 75.
6 Noth, ZDPV 61, 1938, 283 ff.; 293 ff.; Mazar, Vetus Testamentum Suppl. 4, 1957, 57 ff. (er erkannte die Boustrophedon-Schreibung); Aharoni, The Land of the Bible, 1966, 283 ff.; S. Herrmann, ZDPV 80, 1964, 72 ff.; Helck, Beziehungen Ägyptens zu Vorderasien, ²1971, 238 ff. Kitchen, Third Intermediate Period, 1973, 432 ff.
7 Vgl. außerdem die Überlegungen von Malamat, The World History of the Jewish People IV 1: The Age of the Monarchies, 1979, 133 ff.
8 Giveon, Les bédouins Shosou des documents égyptiens, 1971.
9 Vgl. Helck, SAK 16, 1989, 161 ff.
10 An einen Doppelnamen denkt auch Kitchen, op. cit., 440, der jedoch die Vokalangaben vernachlässigt und deshalb ein Arad-Rabath ansetzt.
11 In Archäologisches Lexikon zur Bibel, 1972, 60.
12 S. Anm. 11.

Dankesworte

Im Lauf der Jahre wurde die Arad-„Familie" immer größer. Viele Menschen haben durch Sachkenntnis, Zeit und Geld zum Gelingen dieses umfangreichen Projekts beigetragen. Das Wort Familie benutzen wir nicht leichtfertig; die meisten von uns haben viele Jahre zusammen verbracht, miteinander gearbeitet, gelacht und auch gestritten, aber immer das Wunder der Entdeckung miteinander geteilt. Es reicht auch vielleicht nicht aus, diesen Personen bloß unseren Dank auszusprechen, aber wir hoffen, daß sie einfach wissen, wie wir es meinen. Die Israel Antiquities Authority unter der aufeinanderfolgenden Leitung von Professor A. Biran, A. Eitan und A. Drori, und die Israel Exploration Society, geleitet von J. Aviram, zählen als vollständige Partner von Arad. Wir sind Professor D. Amiran sehr zu Dank verpflichtet für die zahlreichen Stunden, die er uns opferte und für seine Fachkenntnisse in vielen Bereichen, die er uns zur Verfügung stellte. Im Lauf der vielen Jahre der Grabungen widmeten Dr. R. Cohen, stellvertretender Direktor der Israel Antiquities Authority, und D. Nahlieli, Distriktsarchäologe für den Süden unseres Landes, ebenfalls von dieser Institution, endlose Stunden den vielen Themen, die mit dem Arad-Projekt verbunden waren. A. Shohat und B. Tabib (nacheinander Bürgermeister der modernen Stadt Arad) zeigten immer große Bereitschaft zur Zusammenarbeit und Hilfe, wo sie nur konnten. Tatkräftige Unterstützung erhielten wir auch durch das Zentrum für Kultur der Gemeinde des Stadtkreises Arad und das Zentrum der Weltvereinigung Jüdischer Studenten in Arad, wie auch durch D.Shemer, H. Segal und die Familie Ben-Gad, gute Freunde von Arad und von zahlreichen Volontären.

Einzelpersonen und Institutionen, die zur Entstehung des Katalogs und der Ausstellung beigetragen haben:

An erster Stelle möchten wir unseren besonderen Dank Professor R. Busch, dem Direktor des Hamburger Museums für Archäologie, aussprechen, der den Anstoß für diese Ausstellung in Deutschland gegeben hat. Herzlicher Dank gebührt den aufeinanderfolgenden Hauptkuratoren für Archäologie des Israel Museums: Y. Israeli, Professor Y. Meshorer und M. Dayagi-Mendels für ihre Unterstützung und ihren Rat. R. Peled, die Hauptkuratorin der Israel Antiquities Authority, koordinierte die Ausstellung im Namen dieser Institution. Y. Kuris redigierte die hebräische Fassung des Katalogs. R. Natenbruk übersetzte den Katalog ins Deutsche. Unser langjähriger Kollege R. Goethert redigierte die deutsche Fassung. A. Hay fotografierte. A. Hajian führte die Planskizzen aus, C. Hersch und N. Zeevi illustrierten architektonische Details, kleine Funde und Gebrauchsgegenstände. M. Sofer zeichnete das Arad-Becken aus der Vogelperspektive.

Das Team des Laboratoriums des Israel Museums fertigte Kopien von Originalen an, konstruierte Ausstellungsstände und restaurierte kleine Funde; zu diesem Team gehören: R. Yekutiel, A. Meshorer, H. Green, A. Vainer, D. Bigelajzen, P. Ruder, H. Biton. M. Chech vom Centre de récherche français de Jerusalem restaurierte den trepanierten Schädel. Dr. E. Loeb, der Registrator des Israel Museums, überwachte mit Sorgfalt die administrative Seite des Unternehmens. Y. Meroz, dem Koordinator der Freunde des Israel Museums in Deutschland, gelang es, unsere deutschen Freunde für diese Ausstellung zu begeistern.

Das Eretz Israel Museum in Tel Aviv stellte uns freundlicherweise das Gefäß Nr. MHP 2191 als Leihgabe zur Verfügung. Zum Schluß möchten wir weitere, bisher nicht gennannte, Kollegen und Freunde erwähnen, die uns mit hilfreichen Anregungen zum Manuskript des Katalogs und zur Gestaltung der Ausstellung zur Seite standen: D. Ben-Zvi, N. Brosh, G. Henningsen, L.K. Horwitz, D. Ilan, D. Iloz, O. Misch-Brandl, T. Ornan, T. und E. Powitzer, B. Sass, M. Sebbane, P. Smith und N. Zeevi.

Die Spender

Das Grabungsprojekt und die Veröffentlichung des Grabungsberichtes hätten ohne die großzügige finanzielle Unterstützung der hier erwähnten Personen und Institutionen nicht ausgeführt werden können: David Bromberg, Gertrud Feuerring, Mildred Granoff, Nathaniel Hess, Raymond und Betty Kaplan , Irene Kaufman, Michael Lockman, Anne-Marie Loeb, Dan Mayer, Herman Mayer, Sidney Musher , Jack und Helen Nash, Dr. David Orgler, Norbert Schimmel, Jerome L. Stern, The Dorot Foundation, The Israel Ministry of Science, The Montgomery Archaeology Endowment Fund, Anonymer Spender, New York

Ausgewählte Literatur

Aharoni, Y. 1981: Arad Inscriptions, Jerusalem.

Amiran, D.H.K. 1991: The Climate of the Ancient Near East: The Early Third Millennium B.C. in the Northern Negev of Israel, Erdkunde 45 (erscheint in Kürze).

Amiran, R. 1965: Yanik Tepe, Shengavit and the Khirbet Kerak Ware, Anatolian Studies 15, pp. 165-167.

Amiran, R. 1969: Ancient Pottery from the Holy Land: From its Beginnings in the Neolithic Period to the End of the Iron Age, Jerusalem.

Amiran, R. 1972: A Cult Stele from Arad, Israel Exploration Journal 22, pp. 86-88.

Amiran, R. 1974a: An Egyptian Jar Fragment with the Name of Narmer from Arad, Israel Exploration Journal 24, pp. 4-12.

Amiran, R. 1974b: The Painted Pottery Style of the Early Bronze II Period in Palestine, Levant 6, pp. 5-23.

Amiran, R. 1976: The Narmer Jar Fragment from Arad: an addendum, Israel Exploration Journal 26, pp. 45-46.

Amiran, R. 1980: Art and Cult Objects from Arad: Two Stone Animal Statuettes, The Israel Museum News 16, pp. 65-70.

Amiran, R. 1981: Some Observations on the Chalcolithic and Early Bronze Age Sanctuaries and Religion, in: A. Biran (Herausg.), Temples and High Places in Biblical Times, Jerusalem, pp. 47-53.

Amiran, R. 1985: The Transition from the Chalcolithic to the Early Bronze Age, in: Aviram, J. and Biran, A. (Herausg.), Biblical Archaeology Today, Proceedings, International Congress on Biblical Archaeology, Jerusalem, pp. 108-112.

Amiran, R. 1985: Canaaanite Merchants in Tombs of the Early Bronze Age I at Azor, Atiqot 17 (english series), pp. 190-192.

Amiran, R. 1986: The Fall of the Early Bronze Age II City of Arad, Israel Exploration Journal 36, pp. 74-76.––

Amiran, R. 1986: Some Cult-and-Art Objects of the EB I Period, in: Kelly-Buccellati, M. (Herausg.), Insight Through Images, Studies in Honor of Edith Porada, Bibliotheca Mesopotamica 21, pp. 7-13.

Amiran, R., Beit-Arieh, I. and Glass, J. 1973: The Interrelationship between Arad and Sites in Southern Sinai in the Early Bronze Age II (preliminary Report), Israel Exploration Journal 23, pp. 193-197.

Amiran, R., Paran, U., Shilo, Y., Brown, R., Tsafrir, Y. and Ben-Tor, A. 1978: Early Arad, The Chalcolithic Settlement and Early Bronze City, I. First Fifth Seasons of Excavations, 1962-1966, Jerusalem.

Amiran, R., Alon, D., Arnon, C., Goethert, R., Gavish, D. and Amiran, D. 1980: The Arad Countryside, Levant 12, pp. 22-29.

Amiran, R., Ilan, O. and Arnon, C. 1983: Excavations at Small Tel Malhata: Three Narmer Serekhs, Israel Museum Journal 2, pp. 75-83.

Amiran, R., Sebbane, M., Ilan, O., Smith, P., Horwitz, L. and Levitte, D. 1986: The Excavation of Two Tomb-Caves: One at Ancient Arad and One in the Beth-Shean Valley, The Israel Museum Journal 5, pp. 13-18.

Amiran, R. and Gophna, R. 1989: Urban Canaan in the Early Bronze Age II and III Periods - Emergence and Structure, in: Miroschedji, P. de (Herausg.), L'urbanisation de la Palestine a l'age du Bronze ancien, BAR International Series Part I, 527 (i), pp. 109-116.

Amiran, R., Ilan, O., Sebbane, M., Arnon, C., Goethert, R., Alon, D., Schlossman, B., York, H., Eitan, A. and Shilo. Y. (im Druck): Early Arad, Two Rural Settlements of the Chalcolithic and Early Bronze Ib Periods and the Early Bronze II City 2 Vols, Jerusalem.

Avi-Yonah, M. and Stern, E. (Herausg.) 1975-8: Encyclopedia of Archaeological Excavations in the Holy Land. 4 Vols, Jerusalem.

Avner, U. 1984: Ancient Cult Sites in the Negev and Sinai Deserts, Tel Aviv 11, pp. 115-131.

Bar-Adon, P. 1980: The Cave of the Treasure, Jerusalem.

Beck, P. 1984: The Seals and Stamps of Early Arad, Tel Aviv 11, pp. 97-114.

Beit- Arieh, I. 1983: Central-Southern Sinai in the Early Bronze Age II and its Relationship with Palestine, Levant 15, pp. 39-48.

Ben-Tor, A. 1991: New Light on the Relations Between Egypt and Southern Palestine in the Early Bronze Age, Bulletin of the American Schools of Oriental Research 281, pp.3-10.

Cohen, R. 1986: The Settlement of the Central Negev in the Light of Archaeology and Literary Sources During the 4th-1st Millennia B.C.E, Ph.D. Dissertation, the Hebrew University, Jerusalem. (Hebräisch)

Davis S. 1976: Mammal Bones from the Early Bronze Age City of Arad, Northern Negev, Israel: Some Implications Concerning Human Exploitation, Journal of Archeological Science 3, pp. 153-164.

Delougaz, P. and Lloyd, S. 1942: Pre-Sargonid Temples in the Diyala Region, Chicago.

Eitan, A., Gophna, R., Kochavi, M. (Herausg.) 1990: Eretz-Israel 21 (Ruth Amiran Volume), Jerusalem.

Ellis, R.S. 1968: Foundation Deposits in Ancient Mesopotamia, New-Haven.

Esse, D.L. 1991: Subsistence, Trade, and Social Change in Early Bronze Age Palestine, Chicago.

Finkelstein, I. 1991: Arad – City of the Nomads, Zeitschrift des Deutschen Palästina-Vereins 106, (erscheint in Kürze)

Flohn, H. 1991: Towards a Physical Interpretation of the End of the Holocene Moist Period in the Old World Desert, Erdkunde 45, (erscheint in Kürze).

Gilead, I. 1988: The Chalcolithic Period in the Levant, Journal of World Prehistory 2, pp. 397-443.

Gophna, R. 1987: Egyptian Trading Posts in Southern Canaan at the Dawn of the Archaic Period, in: Rainey, A.F. (Herausg.), Egypt, Israel, Sinai, Archaeological and Historical Relationships in the Biblical Period, Tel Aviv, pp. 13-21.

Hallo, W.W. and Simpson, W.K. 1971: The Ancient Near East, New-York.

Hopf, M. 1978: Plant Remains, Strata V-I, in: Amiran, R., Paran, U., Shilo, Y., Brown, R., Tsafrir, Y. and Ben-Tor, A., Early Arad, The Chalcolitic Settlement and Early Bronze City, I. First Fifth Seasons of Excavations, 1962-1966, Jerusalem, pp. 64-82.

Horwitz, L.K. and Tchernov, E. 1989: Animal Exploitation in the Early Bronze Age of the Southern Levant - An Overview, in: Miroschedji, P. de (Herausg.), L'urbanisation de la Palestine a l'age du Bronze ancien, BAR International Series Part II, 527 (ii), pp. 279-296.

Ilan, O. and Sebbane, M. 1989: Metallurgy, Trade and Urbanization of Southern Canaan in the Chalcolithic and Early Bronze Age, in: Miroschedji, P. de (Herausg.), L'urbanisation de la Palestine a l'age du Bronze ancien, BAR International Series Part I, 527 (i), pp. 139-162.

Jacobsen, T. 1970: Toward the Image of Tammuz and Other Essays on Mesopotamian History and Culture, Cambridge.

Kantor, H.J. 1971: The Relative Chronology of Egypt and its Foreign Correlations Before the Late Bronze Age, in: Ehrich, R.W. (Herausg.), Chronologies in Old World Archaeology, Chicago, pp. 1-46.

Katz, S.H. and Voigt, M.M. 1986: Bread and Beer, The Early use of Cereals in the Human Diet, Expedition 28, pp. 23-34.

Kempinski, A. 1978: The Rise of an Urban Culture, The Urbanisation of Palestine in the Early Bronze Age, Jerusalem.

Kempinski, A. 1983: Early Bronze Age Urbanization of Palestine: Some Topics in a Debate, Israel Exploration Journal 33, pp. 235-241.

Kroeper, K. and Wildung, D. 1985: Minshat Abu Omar, Münchner Ostdelta-Expedition Vorbericht 1978-1984, München.

Lernau, H. 1978: Faunal Remains Strata III-I, in: Amiran, R., Paran, U., Shilo, Y., Brown, R., Tsafrir, Y. and Ben-Tor, A., Early Arad, The Chalcolitic Settlement and Early Bronze City, I. First Fifth Seasons of Excavations, 1962-1966, Jerusalem, pp. 83-113.

Levy, T.E. 1986: The Chalcolitic Period, Biblical Archaeologist 49, pp. 82-108.

Lloyd, S. 1984: The Archaeology of Mesopotamia, from the Old Stone Age to the Persian Conquest (Überarbeitete Auflage), London

Loud, G. 1948: Megiddo II Seasons of 1935-39, Text, Chicago.

Malek, J. 1986: In the Shadow of the Pyramids, Egypt During the Old Kingdom, Cairo.

Marfoe, L. 1980: Book Review of A. Kempinski "The Rise of an Urban Culture" (1978) and R. Amiran et al. "Early Arad I" (1978), Journal of Near Eastern Studies 39, pp. 315-322.

Marfoe, L. 1987: Cedar Forest to Silver Mountain: Social Change and the Development of Long-Distance Trade in Early Near Eastern Societies, in: Rowlands, M., Larsen, M. and Kristiansen, K. (Herausg.), Center and Periphery in the Ancient World, Cambridge, pp. 25-35.

Mazar, A. A199: Archeology of the Land of the Bible, New-York.

McConaughy, M.A. 1979: Formal and Functional Analyses of the Chipped Stone Tools from Bab-edh-Drah, Jordan, Ph.D. Dissertation, The University of Pittsburg.

Miroschedji, P. de (Herausg.) 1989: L'urbanisation de la Palestine a l'age du Bronze ancien, BAR International Series 527 (i,ii), Britain.

Needler, W. 1984: Predynastic and Archaic Egypt in the Brooklyn Museum, Brooklyn.

Nissenbaum, A., Serban, A., Amiran, R. and Ilan, O. 1984: Dead Sea Asphalt from the Excavations in Tel Arad and Small Tel Malhata, Paleorient 10, pp. 157-161.

Petrie, W.M. Flinders and Quibell, B.A. 1896: Naqada and Ballas, London.

Porada, E. 1971: The Relative Chronology of Mesopotamia. Part I. Seals and Trade (6000-1600 B.C.). in: Ehrich, R.W. (Herausg.), Chronologies in Old World Archaeology (4. Auflage), Chicago and London, pp. 133-200.

Porat, N. 1989: Composition of Pottery - Application to the Study of interrelations between Canaan and Egypt During the third Millennium B.C., Ph.D. Dissertation, The Hebrew University, Jerusalem.

Porat, N. 1989b: Petrography of Pottery from Southern Israel and Sinai, in: Miroschedji, P. de (Herausg.), L'urbanisation de la Palestine a l'age du Bronze ancien, BAR International Series Part I, 527 (i), pp. 169-188.

Quibell, J.E. 1898: El-Kab, London.

Rast, W.E. and Schaub, T. (Herausg.) 1979: The Southern Dead Sea Plain Expedition: An Interim Report of the 1977 Season, Annual of the American Schools of Oriental Research 46.

Rosen, A.M. 1989: Environmmental Change at the End of the Early Bronze Age Palestine, in: Miroschedji, P. de (Herausg.), L'urbanisation de la Palestine a l'age du Bronze ancien, BAR International Series Part II, 527 (ii), pp. 247-255.

Schick, T. 1978: Flint Implements, Strata V-I, in: Amiran, R., Paran, U., Shilo, Y., Brown, R., Tsafrir, Y. and Ben-Tor, A., Early Arad, The Chalcolitic Settlement and Early Bronze City, I. First Fifth Seasons of Excavations, 1962-1966, Jerusalem, pp. 58-63.

Sebbane, M. 1990: EB and MBI Board Games in Canaan and the Origin of the Egyptian Senet Game, Eretz-Israel 21, pp. 233-238.

Smith, P. 1990: The Trephined Skull from the Early Bronze Age Period at Arad, Eretz-Israel 21, pp. 89-93.

Strommenger, E. 1980: Habuba Kabira, Eine Stadt vor 5000 Jahren, Ausgrabungen der Deutschen Orient-Gesellschaft am Euphrat in Habuba Kabira. Syrien, Mainz.

Tadmor, M. 1986: Canaanite Period/Bronze Age, in: Treasures of the Holy Land, Ancient Art from the Israel Museum, The Metropolitan Museum of Art (cat. no. 102), New-York.

Van Den Brink, E. (Herausg.) A199: The Nile Delta in Transition, 4th-3rd Mill. B.C., Proceedings of the Seminar in Cairo, October 1990, Tel-Aviv Amsterdam.(Erscheint in Kürze).

Vaux, R.de. 1955: La cenquieme campagne de fouilles a Tell el-Far'ah pres Naplouse, Revue Biblique 62, pp. 541-589.

Zohary, D. and Hopf, M. 1988: Domestication in the Old World, the Origin and Spread of Cultivated Plants in West Asia, Europe, and the Nile Valley, Oxford.

Unser Expeditionsstab

Spezialisten und ihre Beiträge

1962–1966:
R. Amiran (Grabungsleiterin),
A. Ben-Tor, R. Brown, U. Paran, Y. Tsafrir, Y. Shiloh (Arealleiter und Archäologen),
M. Feist, U. Paran (Bauaufnahme und Feldvermessung),
H. Burger, M. Pann, S.J. Schweig (Fotografen),
M. Semaja, P. Yarden (Zeichnung der Kleinfunde),
O. Paran (Zeichnung der Pläne),
D. Shenhav, L. Zavatzky (Restauration).

1971–1984:
R. Amiran (Grabungsleiterin),
D. Alon, C. Arnon, A. Eitan, R. Goethert, O. Ilan, B. Schlossman, M. Sebbane, H. York (Arealleiter/-innen und Archäologen/-innen),
M. Feist, P. Luppen, I. Watkin (Bauaufnahme und Feldvermessung),
R. Milon, Z. Radovan, N. Slapak (Fotografen),
M. Eichelberg, L. Freedman, D. Gera, C. Hersch, T. Kofian (Zeichnung der Kleinfunde),
A. Hajian, O. Paran (Zeichnung der Pläne),
N. Zeevi, N. Mutahada (Restauration).

J. Campbell von der National Parks Authority war beauftragt mit Restaurierungsarbeiten an der Architektur am Tel Arad.

Spezialisten, die besondere Beiträge für die Grabungsberichte lieferten:
D. Amiran (Geographie, Geologie, Geomorphologie),
R. Amiran (Architektur, Keramik, Kleinfunde),
R. Bar-Natan (Herodianische Keramik),
P. Beck (Glyptik), H. Flohn (Klimatologie),
J. Fuchs (Metallurgie), J. Glass (Petrographie),
R. Goethert (Architektur, Frühe Bronze- und Eisenzeit),
N. Hass (Anthropologie), M. Hopf (Paläobotanik),
L.K. Horwitz (Zooarchäologie), D. Ilan (Übersetzung),
O. Ilan (Architektur, Keramik, Kleinfunde),
U. Kafri (Hydrologie), H. Lernau (Zooarchäologie),
R. Maddin (Metallurgie), H. Mienis (Zooarchäologie),
J. Muhly (Metallurgie), A. Nissenbaum (Bitumen),
N. Porat (Petrographie), E. Ralph (Radiocarbon-Untersuchung),
R. Reich (Herodianische Architektur),
N. Rosenan (Meteorologie), T. Schick (Feuersteingeräte),
M. Sebbane (Keramik, Kleinfunde),
P. Smith (Anthropologie) und T. Stech (Metallurgie).

Der erste Grabungsbericht wurde von R. Grafman ediert, der zweite und dritte (im Druck) von A. Roshwalb-Hurowitz und A. Schwarzfeld. H. Okilman ist eine Volontärin, die uns mit ihrer Fröhlichkeit ansteckte und hingebungsvoll die Manuskripte des zweiten und dritten Bandes ins Reine schrieb.

Mitwirkende an der Ausstellung in Deutschland

Die Ausstellung wurde vom Hamburger Museum für Archäologie und die Geschichte Harburgs mit Hilfe des Israel Museums, Jerusalem, realisiert. Daran haben mitgewirkt Dr. Friedrich Laux, Emilio Sanchez, Jan-Michael Oosterhof, Herbert Bahlmann, Janna Kläschen, Inken Lambeck, Ralf Busch und viele andere.

Photographien

Zeichnungen